Heute back ich, morgen brau ich ...

Haftungsausschluss
Alle Angaben in diesem Buch wurden von den Autorinnen nach bestem Wissen
erstellt und gemeinsam mit dem Verlag mit größtmöglicher Sorgfalt überprüft.
Dennoch lassen sich (im Sinne des Produkthaftungsrechts) inhaltliche Fehler
nicht vollständig ausschließen. Die Angaben verstehen sich daher ohne jegliche
Verpflichtung oder Garantie seitens der Autorinnen oder des Verlages. Autorinnen
und Verlag schließen jegliche Haftung für etwaige inhaltliche Unstimmigkeiten
sowie für Personen-, Sach- und Vermögensschäden aus.

Grafische Gestaltung: Claire Guigal
Layout: Raphaële Vidaling
Redaktionelle Bearbeitung: Edith Walter

© Rebo International b.v., NL-Lisse

© der deutschsprachigen Ausgabe: DÖRFLER VERLAG GmbH, Eggolsheim

Übersetzung aus dem Französischen: Sönke Horn, Hamburg
Satz: Verlagsservice Rohner, Tegernheim

Im Internet finden Sie unser Verlagsprogramm unter:
www.doerfler-verlag.de

Heute back ich, morgen brau ich ...

Eine kulinarische Märchenreise

Text: Annie und Anna Pavlowitch
Fotos: Raphaële Vidaling

DÖRFLER·VERLAG

Inhalt

Dafür lässt der Wolf sogar die Großmutter sausen 78

Kleine Käsemärchen 114

Süße Verführung 126

Der dicke, fette Pfannkuchen 158

Zur Entstehung dieses Buches 160

Einleitung

Als Kinder erzählten wir uns Geschichten, in denen
Feen, Zauberer, Elfen, Hexen und andere Fabel-
wesen auf himmelblauen Vögeln durch die Lüfte oder
durch ferne Sternennebel ritten. Sie erschienen ohne Vor-
warnung und wirbelten das Leben der Menschen durcheinander, indem sie
einfach ihren Zauberstab schwangen. Das eigentlich Seltsame daran ist
jedoch, dass uns das nicht wirklich wunderte. »Na und«, sagten wir, »so
sind Feen nun einmal oder etwa nicht?« Eine Fee ohne Zauberkräfte wäre
ja nichts weiter als eine schöne Frau.

Märchen und Sagen haben genau das gewisse Etwas, das einem hin und
wieder auch in der wirklichen Welt begegnet. Kleine und große Wunder
vertreiben das Grau des Alltags und auch ein eher farbloses Leben wird ab

und an von einem magischen Glanz erhellt. Es gibt sogar einen Ort, an dem immer wieder Wunder geschehen: die Küche. Mit ein paar Nüssen und drei Schalotten verwandelt sich eine gewöhnliche Wachtel in ein königliches Mahl und schon eine Handvoll Johannisbeeren im Rhabarberkompott kann ein Feuerwerk der Sinne entfachen. Ähnlich verhält es sich mit Pfannkuchen, die ohne Frage immer ein Genuss sind. Doch zu einem wahren Gaumenschmaus werden sie mit Minze verfeinert oder auf Rosenblüten serviert. Zu den Verwandlungskünstlern in der Küche gehören auch die Radieschen. Daraus lassen sich sogar kleine Mäuse zaubern. Die knackigen roten Knollen sehen nicht nur hübsch aus, sie schmecken auch noch lecker. Blumen in einer Vase sind ein gewohnter Anblick, aber auf dem Teller oder im Salat sind sie noch viel interessanter.

Verstehen Sie? So funktioniert die Zauberküche! Um ein guter Koch zu sein, muss man allerdings weder auf Magie noch auf teure Zutaten zurückgreifen und es ist auch nicht nötig, den ganzen Tag am Herd zu stehen.

Ganz im Gegenteil: Wenn Sie Ihre Familie, Ihre Freunde oder Ihre(n) Liebste(n) auf eine kulinarische Märchenreise einladen möchten, braucht es nur einen Esslöffel Ideenreichtum, eine Prise Mut, eine Spur kindliche Freude und eine Handvoll Fantasie. Wir haben unser kleines Buch wie ein modernes Zauberbuch mit Rezepten gestaltet, die nicht nur Erinnerungen an die Kindheit wecken, sondern auch wie von Zauberhand zubereitet werden können.

Im Gegensatz zu den magischen Tränken der Feen, Hexen und Zauberer kann man die Zutaten in unserem Fall auch variieren: Vielleicht bereiten Sie die Hähnchen-Taler lieber mit Curry als mit Kümmel zu und bevorzugen Wunschkraut (gemeinhin als Eisenkraut bekannt) gegenüber Minzeblättchen, damit der Pudding sein unvergleichliches Aroma erhält. Und wenn Sie die Blätterteigtaschen anstatt mit Äpfeln und Camembert mit Brie und Birnen füllen, spüren Sie, dass ein kleines bisschen kreative Zauberkraft auch in Ihnen steckt.

Galerie berühmter Feen

»Solange es Wälder gibt und Wiesen, solange Berge, Seen und Flüsse bestehen und solange sich die weißen Nebel über den Bächen erheben, solange wird es Feen geben.«

Anatole France

Das Volk der Feen zählt wohl einige Tausend schöne Damen, doch zweifellos stechen nur wenige davon aus der anonymen Masse heraus, sei es aufgrund ihrer besonderen Zauberkräfte oder wegen ihrer Verbundenheit mit den Menschen.

Unsere Galerie stellt sechs der unbestrittenen Stars unter den Feen vor. Der Ruf dieser mystischen Damen soll jedoch all die anderen nicht allzu sehr überstrahlen und vergessen machen.

Wenn man aufmerksam über die Rosenhecke blickt oder mit ein wenig Geduld in den Morgennebel über dem Fluss späht, wird man sie entdecken, die winzigen Kreaturen mit ihren Libellenflügeln. Sie schlafen in den Zweigen der Eschen, trinken Tau aus Blütenkelchen und ernähren sich von Walderdbeeren, Nüssen und wild wachsenden Pilzen. Doch Vorsicht! Das Reich der Feen wartet nicht nur mit den Guten auf, auch dort gibt es die Bösen …

Melusine

Melusine, die liebliche Meerfee. Ihr Name steht für Magie und Zauber. Die bretonische Schönheit, diese Wunderbarste der Wunderbaren, lässt ihre magischen Kräfte im Verborgenen wirken und selbst die größten Hexen zittern vor ihr.

Über Melusines Essgewohnheiten ist wenig bekannt, doch manch einer behauptet, sie heimlich beim Genuss einer Mandelcremesuppe beobachtet zu haben. Vielleicht ist dies das Geheimnis ihres zarten Teints. Vorsichtshalber haben wir das Rezept in unser Buch aufgenommen und auf Seite 70 gezaubert.

Blackstaff

Die Fee mit dem schwarzen Zauberstab ist die mächtige Herrscherin über das Königreich gleichen Namens. Blackstaff erscheint uneingeladen bei jeder Tauffeier und bringt dem Neugeborenen ein Geschenk. Überreicht sie den Kleinen einen Ring, sind sie später in der Liebe treu und finden ihr Glück. Überreicht sie ihnen aber eine Rose, wird ihr Leben von Affären und ungezügelter Leidenschaft bestimmt.

Als Hommage an die große Liebesstifterin haben wir das Rezept, das Sie auf Seite 154 finden, in unser Buch aufgenommen: Zauberstäbchen in weißer Schokolade.

Morgane

Morgane, die Halbschwester von König Artus, gehört zu den umstrittenen Charakteren im Reich der Feen. In manchen Versionen der Artussage tritt sie als rücksichtslose Intrigantin und erbitterte Gegnerin ihres Bruders auf, in anderen als unglückliche Frau, die versucht, den alten Glauben zu retten.

In kulinarischer Hinsicht ist Morgane leichter einzuordnen. Sie liebt Blumen, insbesondere zum Essen. So nascht sie gern Veilchen oder taucht Stiefmütterchen in Akazienhonig, bevor sie daran knabbert. Auch isst sie für ihr Leben gern Süßes, wobei sie bei der Wahl ihrer Lieblingsspeise zwischen Pfannkuchen auf Rosenblütenblättern (Seite 134) und Schaumspeise mit Orangenblütenwasser (Seite 146) schwankt.

Aschenputtels gute Fee

Die äußerst begabte gute Fee mit den roten Wangen ist schon eine etwas betagtere Dame. Sie ist Hobbygärtnerin und kennt jeden Garten der Welt bis in den kleinsten Winkel (sie weiß zum Beispiel, dass Eidechsen eine Vorliebe für Gießkannen haben oder dass die schönsten Kürbisse an Pflanzen wachsen, die an Mauern gedeihen).

Ihr zu Ehren präsentieren wir die lustigen Radieschenmäuse (Seite 50) und die in ihrer eigenen Kutsche servierte Kürbissuppe (Seite 68).

Die Patin der Prinzessin mit der Eselshaut

Wie alle Feen, die gleichzeitig Patentante sind, achtet auch die Patin der Prinzessin stets auf die Einhaltung der Etikette (»das gehört sich nicht für eine Prinzessin« …). Sie wohnt auf einer fantastischen Insel, die von Pfauen und Hirschen bevölkert wird. Hier wacht sie mit strenger Hand über die Moral ihrer Untertanen und sorgt dafür, dass keine Tabus gebrochen werden. Zudem ist sie eine begnadete Designerin – wer kann schon von sich behaupten, eine Patentante zu haben, die einem eine perfekt sitzende Eselshaut an den Leib zaubert.

Im Kochtopf bevorzugt die Patin der Prinzessin mit der Eselshaut das Außergewöhnliche. Deshalb steht sie auf Forelle mit Mandelfüllung und auf Auberginentaschen in Koriandersahne, verschmäht aber auch Karotten in Zitronenkaramell nicht. Wenn Sie auf diese ungewöhnlichen Gaumenfreuden auch nicht verzichten möchten, zaubern Sie sich doch mal auf Seite 84, 98 und 130.

Die böse Carabosse

Vor langer, langer Zeit war Carabosse noch eine gute Fee. Ja wirklich, sie war gut und die Menschen – vor allem junge Mädchen – vertrauten ihr als Beschützerin. Carabosse half den Unterdrückten und Schwachen und hatte stets ein offenes Ohr für die Bitten der Menschen. Ihre einzige Schwäche war ihr Hang zu Neid und Eifersucht, der, wie wir alle wissen, dem wunderschönen Dornröschen beinahe zum Verhängnis wurde. Carabosse, nicht zur Tauffeier der kleinen Prinzessin eingeladen, sah einfach rot und belegte das Mädchen mit einem Fluch, der ihm den frühen Tod bringen sollte. Dem Himmel sei Dank, dass die letzte gute Fee ihren Wunsch noch nicht verkündet hatte. Der Fluch der bösen Fee konnte zwar nicht aufgehoben, aber wenigstens abgeschwächt werden. Leider hat sich Carabosse von diesem Affront nie wieder erholt und ist auf alle Zeit zur bösen Fee mutiert.

Sie möchten trotzdem ihr Lieblingsgericht kennenlernen? Na, dann schwingen Sie Ihren Zauberstab und lassen Sie sich Seite 74 aufschlagen.

Der Feen Schönheitsrezepte

Die überirdische Schönheit der Feen ist allgemein bekannt. Nun sind wir Sterblichen ja nicht von Natur aus mit solch hübschen Accessoires wie Flügeln auf dem Rücken oder rosa Perlen auf den Wimpern ausgestattet, deshalb müssen wir auf andere Tricks zurückgreifen, die uns die Natur bietet – etwa auf die Schönheitsrezepte, die direkt aus dem Feenreich stammen könnten.

Rosenwasser – gut für den Teint

Das Rezept für Rosenwasser ist denkbar einfach: 1 l Wasser in einem Topf zum Kochen bringen. 6 Handvoll Rosenblütenblätter 20 Minuten darin ziehen lassen. Den Sud in ein Sieb gießen und in einem Topf auffangen. Die Blüten entsorgen und das Rosenwasser in einer dunklen (ausgekochten) Flasche gut verschlossen aufbewahren.

Rosenwasser eignet sich perfekt als Gesichtswasser auf ungeschminkter Haut, daher ist es ein wichtiger Bestandteil vieler Gesichtsmasken. Die folgende Mixtur macht auch die trockenste Haut wieder sanft und zart: 3 Teelöffel Rosenwasser mit einem zerdrückten Pfirsich und einem Eigelb mischen. Die Maske auftragen, 10 Minuten einwirken lassen und gründlich abwaschen. Wenn Sie im umgekehrten Falle Ihrer eher glänzende Gesichtshaut etwas Fett entziehen möchten, mischen Sie 3 Teelöffel Rosenwasser mit dem Saft einer Zitrone, 1 Teelöffel Rum und einem Ei. Auftragen, 5 Minuten einwirken lassen und gründlich abwaschen. Eine sehr wirkungsvolle,

hautstraffende Lotion erhalten Sie, wenn Sie 9 Teelöffel Orangensaft mit 3 Teelöffeln Rosenwasser mischen.

Zitrone und Olivenöl – ein unschlagbares Team

Es ist vielleicht nicht wirkungslos, wenn Sie Ihre Haut mit einem ganzen Aufgebot an Cremes einreiben, in jedem Fall müssen Sie jedoch tief ins Portemonnaie greifen. Außerdem ist nicht gesagt, dass Ellbogen und Fersen danach nicht immer noch rau sind. Dafür haben Sie Bimsstein und Hornhautraspel? Weg damit! Machen Sie es wie die Feen und verwöhnen Sie sich mit einer erfrischenden Zitronen-Olivenöl-Anwendung. Reiben Sie Ihre Haut mit einer halben Zitrone ab und legen Sie anschließend für 2 bis 3 Minuten eine Kompresse mit lauwarmem Olivenöl an. Bei täglicher Anwendung sollte Ihre Haut bereits nach einer Woche von Kopf bis Fuß spürbar zarter sein.

Welch Glanz in Ihrem Haar

Wie bekommt stumpfes dunkelblondes oder braunes Haar einen seidigen Glanz? Ganz einfach: 100 g Walnussblätter einige Stunden in 2 l kaltes Wasser legen. Das Haar bei jedem Waschen zum Abschluss damit spülen.

Reinigungsschaum für den Teint

Damit bewahren Sie Ihr Gesicht vor Falten und Trockenheit: 1 Eiweiß mit 2 Esslöffeln Maismehl zu steifem Schnee schlagen. Den Schaum gleichmäßig auf das Gesicht auftragen. Mit warmem Wasser abwaschen, wenn die Mischung eine trockene Kruste gebildet hat.

Das Geheimnis der ewigen Jugend der Feen ist ...

eine Kartoffelmaske! Eine große Kartoffel reiben und mit einem steif geschlagenen Eiweiß vermischen (bei trockener Haut kann man auch das Eigelb untermengen). Verstreichen Sie die Creme gleichmäßig auf Gesicht und Händen. Nach 20 Minuten mit lauwarmem Wasser abspülen.

Tragen Sie die Kartoffelmaske einmal wöchentlich auf, damit erzielen Sie erstaunliche Resultate. Es könnte sogar die eine oder andere Fee neidisch werden ...

Zaubertränke und magische Heilmittel

Ihr Jüngstes kommt tränenüberströmt mit aufgeschlagenen Knien nach Hause. Sie pusten, streichen ihm beruhigend übers Haar, flüstern dem kleinen Draufgänger einen heilsamen Spruch ins Ohr und malen ihm mit Jod eine rote Sonne aufs Bein – so oder so ähnlich ist es doch, stimmts? Mütter sind eben zugleich auch Zauberinnen, die heilsame Wunder vollbringen. Sollten die herkömmlichen Zaubersprüche einmal nicht ausreichen, helfen vielleicht die folgenden Rezepte gegen die kleinen Wehwehchen.

Rosmarin

Rosmarin ist nicht nur ein schmackhaftes Gewürz zu Fleisch oder Kartoffeln, er hilft auch gegen Stress und Überlastung. Dafür kocht man 10 g Rosmarin 5 Minuten in ca. 1 l Wasser ab. Dieses Mittel kann den Kleinen auch bei Kinderkrankheiten helfen, die den Körper schwächen.

Heidelbeeren

Kinder weigern sich oft standhaft, eine Aphte behandeln zu lassen. Aus gutem Grund, denn die herkömmlichen Mittel auf Säurebasis, die man auf die Pustel streicht, schmerzen manchmal noch mehr als die Entzündung selbst. Der leidende Nachwuchs ist deshalb meist viel leichter zu überzeugen, sich mit delikatem Heidelbeerpüree (auch ohne Zucker) einreiben zu lassen, zumal man das auch noch hinunterschlucken kann.

Veilchen

Veilchen wirken bei Problemen mit den Atemwegen (Schnupfen, Husten, Grippe): etwa 20 Blüten mit 1 l kochendem Wasser aufgießen und 5 Minuten ziehen lassen. Der Tee wirkt nicht nur, er schmeckt auch noch.

Rosen-Honig-Sirup

Zur Linderung von Halsschmerzen ist ein Sirup aus Rosenblütenblättern und Honig gut geeignet. 100 g Rosenblütenblätter in 400 ml Wasser aufkochen. Die Flüssigkeit durch ein Sieb gießen, auffangen und mit so viel Honig mischen, wie die Flüssigkeit wiegt. Der dicke Sirup hält sich monatelang, wenn man ihn im Kühlschrank aufbewahrt.

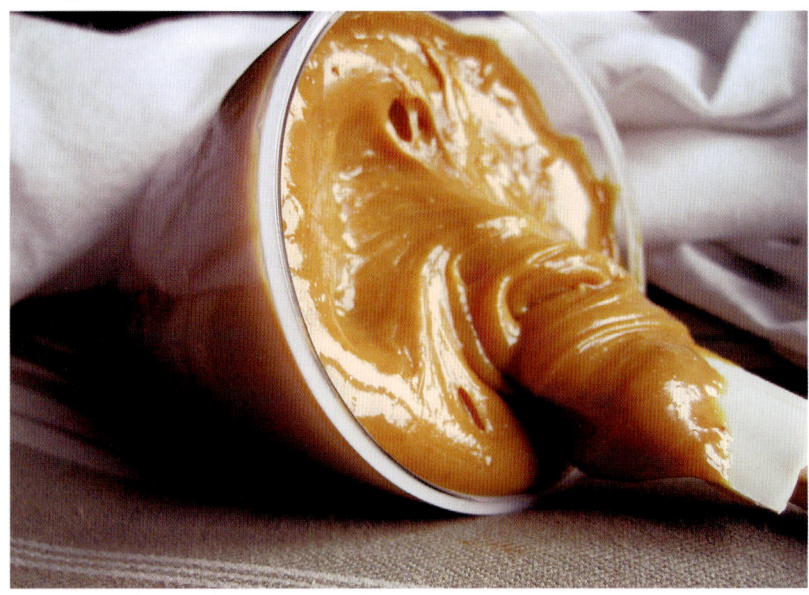

Kräutertee

Bei Schlaflosigkeit hilft Kräutertee. Für 1 Tasse: 1 Esslöffel getrocknetes Basilikum und 1 Esslöffel getrocknete Mehlbeeren mit kochendem Wasser übergießen und kurz ziehen lassen. Damit der Trank seine Wirkung voll entfaltet, 15 Tage lang jeden Abend 1 Tasse davon trinken.

Petersilie

Manchmal werden Feen von einer Wespe gestochen, wenn sie in der Dämmerung durch unsere Gärten tanzen. Den schmerzhaften Stich behandeln sie mit Petersiliensaft, den sie gewinnen, indem sie die Blättchen zwischen den Fingern zerdrücken. Der Saft wirken schmerzlindernd. Bevor man ihn aufträgt sollte man den Stachel herausziehen.

Rosen- und Orangenblüten

Wenn Sie (infolge schlechter Durchblutung) unter Taubheit und Juckreiz in den Fingern leiden, erhitzen Sie 3 Teelöffel Rosenwasser (Seite 16), 3 Teelöffel Orangenblütenwasser und 3 Teelöffel Zucker oder – noch besser – Rosen-Honig-Sirup (Seite 22) mit 200 ml Wasser (nicht kochen lassen!). Dieses Getränk hilft insbesondere Rauchern zur Vorbeugung oben genannter Beschwerden. Es ist übrigens nicht erwiesen, dass rauchende Feen besser zaubern als Hexen, bei denen Qualm und Rauch quasi zum Beruf gehören …

Märchenhafter Tischdekor

Um einen ganz gewöhnlichen Tisch in eine magische Tafel zu verwandeln, brauchen Sie weder goldglitzernde Pailletten noch erlesenes Geschirr. Es genügt vollkommen, wenn Sie ein gutes Händchen haben, ganz wie eine Fee. Gemüse, Blätter, Früchte und andere kleine Kostbarkeiten vom Wegesrand oder  *Wochenmarkt machen Ihren Tisch zu einer festlich gedeckten Tafel.*

Blütenblätter

Eine sehr einfache, aber beinahe unübertroffen Dekoration für den Tisch sind bunte Blütenblätter. Sie lieben Rosen? Wunderbar! Dann schnappen Sie sich rot, gelb, rosa, orange und weiß blühende Rosen, zupfen die Blütenblätter ab und streuen sie über den Tisch. Im Nu werden sich die Feen bei Ihnen einfinden, denn die stehen genauso auf Blüten wie Sie.

Unterwasserwelten

Gewöhnlich neigt man dazu, den Tisch so altmodisch wie eine Erstkommunionstafel zu dekorieren. Etwas mehr Ideenreichtum ist schon gefragt. Nur wenn man seiner Fantasie freien Lauf lässt, werden auf dem Tisch Märchen wahr.

Füllen Sie beispielsweise eine Schüssel, ein (Marmeladen-)Glas oder ein anderes durchsichtiges Gefäß mit Wasser. Legen Sie einen schönen roten Apfel auf den Boden des Behälters und lassen Sie Margeritenblüten auf der Wasseroberfläche schwimmen. Bei tieferen Gefäßen können Sie mit Kieseln und Muscheln eine kleine Unterwasserlandschaft kreieren.

Eine Variante: Legen Sie eine Zitrone ins Wasser und geben Sie grüne Blätter (Basilikum, Minze oder Buchsbaum) oder leuchtend rote Rosenblüten auf die Wasseroberfläche.

Sollten Sie noch andere fantastische Geistesblitze haben, nur zu, zögern Sie nicht, sie umzusetzen.

Leuchtgirlanden

Bewahren Sie leere (und gereinigte) Senf-, Marmeladen- oder ähnliche Gläser auf und befestigen Sie ein Dutzend davon an einem kleinen Eisendraht. Im Baumarkt findet man auch vergoldete Drähte oder kleine Ketten, die sich ebenfalls gut eignen. Wickeln Sie den Draht mehrmals um die einzelnen Gläser, die jeweils in 20 cm Abstand voneinander aufgereiht werden. In jedes Glas ein Teelicht gestellt und schon haben Sie eine prächtige Tischgirlande. Das wird auch den Feen gefallen, die zu Besuch kommen.

Geschirr und Tisch als Blickfang

Wie in der Feen- und Märchenwelt üblich, sind Teller und Geschirr reine Illusion – nach Mitternacht verblasst der Glanz: Nach dem zwölften Glo-

ckenschlag verwandelt sich die edle Suppenterrine in Sekunden-schnelle zurück in einen gewöhnlichen Kürbis, die prachtvollen Salatschüsseln werden zu Melonenhälften (und ruinieren die Tischdecke), die Dessertschälchen sind plötzlich wieder einfache Tomaten und das barocke Tischgeschirr wird zu Ingwerwurzeln.

Damit Ihnen nicht das Gleiche passiert, sollten Sie auf den Zauberstab verzichten und Menschengeschirr auf den Tisch stellen.

Das Titelbild haben wir mit freundlicher Unterstützung des Holzdrechslers Frédéric Grousset (danke, Fred!) gezaubert, der es sich nicht hat nehmen lassen, das Gemüse auch zu kosten. Da Sie vermutlich nicht auf eine solch professionelle Hilfe zurückgreifen können, verraten wir Ihnen eine Trick wie Sie ein ebensolches Kunstwerk schaffen können. Nehmen Sie einfach einen Rotkohl, schneiden Sie ihn zu einem großen Würfel und höhlen Sie ihn aus. Füllen Sie den Kohl mit kleinen Köstlichkeiten.

Rhabarberblätter

Die riesigen Blätter sind ebenso preisgünstig wie dekorativ. Während Sie die Blätter mit der Schere zurechtschneiden, kommen Ihnen zudem vielleicht noch weitere tolle Ideen für die Tischgestaltung.

Die Blätter bieten sich zum Beispiel als Tischsets an: in Rechtecke geschnitten, wenn Ihre Teller eher eckig sind, und in Kreise bei runden Tellern. Legen Sie die Teller jeweils auf ein Rhabarberblatt und lassen Sie daneben einen Freiraum von wenigstens 15 cm. Auf runde Telleruntersätze stellen Sie am besten größere Teller.

Außerdem können Sie einfache Wassergläser (ohne Füße, nicht allzu groß und bauchig) in ansehnliche Gefäße verwandeln, indem Sie Rhabarberblätter hineinstecken, die nicht höher als das Glas sein sollten und nicht allzu weit über den Gefäßrand hinausragen dürfen. Die Innenseite des Glases können Sie auch noch mit einer schmückenden Folie verkleiden. Das Glas halb mit Wasser füllen, so bleiben die Blätter ganz von allein aufrecht im Glas stehen. Jetzt fehlen nur noch ein paar Blumen, die Sie als Schmuck dazwischenstecken. Stellen Sie das Glas auf ein Tablett, dann hat es besseren Halt.

Himbeerwasser

Als Alternative zu Minzeblättchen können Sie auch Himbeeren in eine mit Wasser gefüllte Karaffe geben und bunte Rosenblütenblätter darüberstreuen. Wählen Sie feste oder noch besser tiefgefrorene Früchte. Nach wenigen Minuten steigen die Beeren an die Oberfläche und das Wasser nimmt eine zartrosa Färbung an.

Feenschaukel

Basteln Sie eine winzige Schaukel für die Feen aus einem Streichholz, dessen Kopf Sie entfernen. Befestigen Sie diese »Sitzstange« an zwei kurzen Drähten, hängen Sie die Schaukel an eine Blume, die als Tischdekoration dient (am besten eine Tulpe), und stecken Sie diese wieder zwischen die anderen Blumen. Beobachten Sie die Reaktionen Ihrer Gäste ... Wenn ihnen das hübsche Accessoire nicht auffällt, sollten Sie vielleicht darüber nachdenken, beim nächsten Mal jemand anders einzuladen.

Menüvorschläge

Im Feenreich gibt es natürlich nicht nur solch berühmte Damen wie Melusine oder Carabosse. Nein, dort leben auch weniger bekannten Fräulein, deren Qualitäten ihr Name verrät: Gaumenkitzel, Weißkohl, Das-ist-schnell-gemacht, Traudich, Wieselflink, Hochgenuss und Nimmersatt und viele andere. Welche möchten Sie selbst sein, um Ihre Gäste zu erfreuen? Gelegenheiten gibt es genug.

Liebesmenü (damit bezaubern Sie Ihren Prinzen)
- Liebestrank mit Himbeeren
- Ziegenkäsepäckchen mit Pinienkernen
- Forelle mit Mandelfüllung
- Fruchtige Biskuitkörbchen
- Weißer Kaffee und Orangenschnecken

Vorbereitungen für ein zauberhaftes Essen zu zweit

Die Biskuits können bereits am Vortag gebacken werden. Im Kühlschrank aufbewahrt bleiben sie eine Nacht und einen Tag frisch (nehmen Sie das Gebäck rechtzeitig vor dem Essen aus dem Kühlschrank, es sollte Zimmertemperatur haben).

Stellen Sie schon mal die Champagnerflasche kalt. 2 Stunden vor der Ankunft Ihres Liebsten kann der Teig für die Schnecken vorbereitet und in den Kühlschrank gestellt werden. Jetzt bleiben Ihnen noch 1 Stunde und 30 Minuten: 20 Minuten, um die Ziegenkäsetaschen zuzubereiten, 15 Minuten, um die Forellen mit den Mandeln zu füllen und zu garnieren, weitere 15 Minuten, um zu duschen und ein zauberhaftes Gewand anzulegen (dabei können Sie schon mal den Backofen vorheizen). Nochmals 15 Minuten, um sich vor dem Spiegel zurechtzumachen, und eine weitere Viertelstunde, um die Ziegenkäsetaschen zu backen. Während die Taschen im Ofen goldbraun gebacken werden, können Sie den Tisch decken und hübsch dekorieren – Anregungen finden Sie auf Seite 24 bis 27. Die Käsetaschen aus dem Ofen nehmen und in Alufolie wickeln, damit sie warm bleiben.

In 10 Minuten ist er da! Holen Sie die Sektflöten aus dem Schrank und bereiten Sie die Zutaten für den Zaubertrank vor (den dürfen Sie jedoch erst mischen, wenn Ihr Prinz vor Ihnen steht).

Es bleiben noch 5 Minuten, in denen Sie noch einen letzten Blick in den Spiegel werfen und sich die Lippen nachziehen können, wenn Sie nicht lieber nervös im Kreis herumlaufen. – Er ist da!

Legen Sie jetzt die Forellen in den Dampfkocher, sie garen, während Sie mit Ihrem Gast entspannt den Aperitif und die Vorspeise genießen. Mit dem Servieren der Orangenschnecken können Sie übrigens auch ein wenig länger warten – so mancher Prinz isst die auch gern zum Frühstück.

Märchenmenü

- Kürbissuppe in der Kutsche
- Hühnchenspieße mit Curry
- Kartoffelpuffer mit Kräuterbutter
- Zauberstäbchen in weißer Schokolade

Vorbereitungen für ein märchenhaftes Essen

Die Vorbereitungen beginnen etwa 4 Stunden vor dem Essen. Die Zauberstäbchen formen und backen. Die Schokolade in Stückchen brechen und in einen Topf geben. Die Kartoffelpuffer und die Kräuterbutter zubereiten und in den Kühlschrank stellen. Die Puffer in Alufolie wickeln, sie lassen sich mühelos im Backofen wieder aufwärmen.

Das Märchenessen rückt näher, in 3 Stunden ist es soweit! Die Hühnchenspieße vorbereiten: Die Filets waschen, trockentupfen, in mundgerechte Stücke schneiden und auf die Spieße stecken. Auf eine Servierplatte legen, mit Klarsichtfolie abdecken und in den Kühlschrank stellen. Bereiten Sie auch die Kürbissuppe in der Kutsche vor.

Noch 2 Stunden – jetzt müssen Sie nur noch die Märchentafel decken (Sie wissen ja inzwischen, wo Sie die Anregungen dazu finden …).

Sie können kurz durchatmen! Es wird bestimmt ein märchenhafter Abend.

Den Ofen auf ca. 50 °C (Gas: Stufe 1) vorheizen. Sie können noch duschen und in aller Ruhe Ihr Feengewand anlegen.

Jetzt bleibt Ihnen noch 1 Stunde, um die Spieße zu garen, in Alufolie zu wickeln und in den Backofen neben die Kartoffelpuffer (ebenfalls in Alufolie gewickelt) zu legen. Die Kürbissuppe wärmen Sie etwa 5 Minuten bevor Sie zu Tisch bitten auf (nicht kochen lassen) und füllen sie in die Kutsche. Für das Dessert die Schokolade im Wasserbad zerlassen und sofort servieren.

Kleine Zaubereien der Feen

- Radieschenmäuse
- Hähnchen-Taler mit Kümmel
- Farfalle mit Thymian
- grüne Pfannkuchen

Vorbereitungen für ein märchenhaftes Essen

Planen Sie für eine stressfreie Vorbereitung etwa 3 Stunden ein. Bereiten Sie zunächst den Pfannkuchenteig vor, denn der muss ein wenig ruhen. Außerdem können Sie schon die Hühnerbrustfilets in Würfel schneiden, panieren, auf eine Servierplatte legen, mit Frischhaltefolie abdecken und in den Kühlschrank stellen. Die Soße sollten Sie noch nicht vorbereiten, da sie ihre rosa Farbe sehr schnell verliert.

Noch bleiben Ihnen gute 2 Stunden. Genügend Zeit also, um den Tisch zu decken, die Pfannkuchen zu backen, das Wasser für die Nudeln zum Kochen zu bringen und die Radieschenmäuse zu schnitzen.

In den letzten 20 Minuten vor dem Essen können Sie die Nuggets und die Nudeln garen und die rosa Soße mischen.

Küchenzaubereien im Handumdrehen

- Kühle Mandelcremesuppe
- Omelett mit Karottenfüllung
- Briecreme mit Mascarpone und Nüssen
- Süße Lindenblätter

Vorbereitungen für ein märchenhaftes Essen

Es empfiehlt sich, die kühle Mandelcremesuppe einige Stunden vor dem Abendessen oder am Vortag zuzubereiten. Holen Sie die Suppe rechtzeitig, bevor die Gäste eintreffen, aus dem Kühlschrank. Sie schmeckt am besten, wenn sie Zimmertemperatur hat.

1 Stunde bevor die Gäste eintreffen: Zeit, den Tisch zu decken. Moment mal! Sie haben schon noch Zeit, ein paar schöne Dekorationen auf den Tisch zaubern. Inspirationen finden Sie – genau – auf Seite 24 bis 27.

30 Minuten vor dem Essen bereiten Sie die Briecreme vor. Mit Frischhaltefolie abdecken und zur Suppe in den Kühlschrank stellen.

Noch 20 Minuten, die Sie zum Reiben der Karotten, zum Schlagen des Eischnees und zur Vorbereitung der knackigen Blätter nutzen können – fertig!

Die Omelettes backen Sie erst kurz vor dem Verzehr.

Kleines Büfett
- Gefüllte Tomaten
- Socca
- Marmorierte Eier
- Zucchinipuffer
- Saftige Hähnchenkeulen
- Nusskuchen

Vorbereitungen für ein märchenhaftes Essen

Da es sich um ein kaltes Büfett handelt, können Sie alle Speisen frühzeitig zubereiten. Die Eier können 24 Stunden vor dem Festessen in das Teebad gelegt werden und den Tee in Ruhe aufnehmen. Etwa 1 Stunde vor der Ankunft der Gäste muss dann nur noch die Eierschale entfernt werden.

Bereits am Vortag bereiten Sie die saftigen Hähnchenkeulen und die Zucchini vor. Danach in den Kühlschrank stellen. Einige Stunden vor der Eröffnung des Büfetts können Sie die Socca backen, den Nusskuchen in den Ofen schieben und die Tomaten mit Schafskäse füllen. Die Hähnchenkeulen garen. Die Zucchinipuffer ausbacken und die Tomaten auf ein Bett aus grobkörnigem Salz legen, damit sie nicht davonrollen. Mehrere Schälchen mit rosa Soße (Seite 100) auf den Tisch stellen.

Damit ist außer dem Eierschälen alles bereits 3 Stunden vor der Ankunft des ersten Gastes erledigt und Sie haben genügend Zeit, eine absolut märchenhafte Dekoration auf den Tisch zu bringen.

ZAUBERTRÄNKE

Märchenhafte Elixiere

Der Liebestrank des Froschkönigs

Sie haben bisher wohl auch geglaubt, dass bei der Prinzessin nur die Hartnäckigkeit des grünen Gesellen gewirkt hat. In Wahrheit hat er sie mit einem Zaubertrank verführt: Grand Marnier (1 Teil) und Rum (2 Teile) mit einigen Eiswürfeln. Der wortbrüchigen Prinzessin stieg doch die Röte in die Wangen, als sich der Frosch in ihren Traumprinzen verwandelte – ähnlich wie nach dem Genuss dieses Getränks.

Der Schönheitstrank der Schneekönigin

8 Eiswürfel, 3 Teile Schlagsahne, 2 Teile weißer Rum, 1 Teil Orangenlikör. So mancher schwört, dass dieses Getränk das Geheimnis der ewigen Schönheit der Schneekönigin ist.

Rübezahls Grog

Der wilde Riese hat seinen Grog auch schon mit Honig und Rum verfeinert und den Zitronensaft durch Orangensaft ersetzt.

Der Wodka der jungen Hexen

Bevor sich die jungen Hexen in der Walburgisnacht auf ihren Besen schwingen, trinken sie gern noch einen Wodka-Orange mit ein paar Tropfen Walderdbeerenlikör. Kein Wunder, dass sie anschließend wild im Mondlicht tanzen!

Der Kokos-Cocktail der Waldfeen

Waldfeen sind wählerisch, sie ernähren sich ausschließlich von den Pollen wilder Blumen. Wenn jedoch ein Fest ansteht, ist das natürlich etwas anderes! Dann scheinen ihre Mägen plötzlich recht robust zu sein, denn sie mixen Whiskeycreme und Kokoslikör (zu gleichen Teilen), geben einige Eiswürfel dazu und streuen bitteren Kakao darüber – und bald wiegen sie sich zu exotischen Rhythmen, von denen der ganze Wald widerhallt.

Fruchtiger Sonnenwein

Dieses Getränk ist schnell zubereitet, auch wenn Sie keine Cocktail-Erfahrung haben und keinen Shaker besitzen. Der erfrischende Sonnenwein weckt das Fernweh … Doch unterschätzen Sie seine Wirkung nicht! Er sollte langsam und genussvoll zu Beginn des Abends getrunken werden. Ihre Gäste werden sich entspannen und das Essen genießen. Kurzum, mit dem Sonnenwein zaubern Sie gute Laune.

Für 4 Personen
- 6 cl Rohrzuckersirup
- 10 cl Jamaikarum
- 2 saftige Orangen
- 1 Zitrone
- 12 Eiswürfel
- ½ l trockener Weißwein (z. B. Silvaner)

Den Rohrzuckersirup mit dem Rum mischen.

Die Orangen halbieren und auspressen. Die Zitrone halbieren und eine Hälfte auspressen. Die zweite Hälfte zum Garnieren beiseite legen. Orangen- und Zitronensaft unter die Zuckermischung rühren.

Alles in 4 Gläser mit Stiel füllen und je drei Eiswürfel zufügen. Mit Weißwein aufgießen und jedes Glas mit einer Zitronenscheibe dekorieren. Sofort servieren.

Liebestrank mit Himbeeren

Dieser Cocktail hat seinen Namen wirklich verdient. Sein Geschmack und sein Duft wird Ihren Gästen bald den Kopf verdrehen, so raffiniert ist er gemixt. Den leicht sauren Geschmack verdankt der Liebestrank dem Zitronensaft, seine angenehm süße Note liefert der Himbeerlikör. Solche Verbindungen sind das Geheimnis aller Zaubertränke, die etwas auf sich halten. Denn wie heißt es so schön: »Gegensätze ziehen sich an.«

Für 4 Personen
- 6 cl frisch gepresster Zitronensaft
- 6 cl Himbeerlikör
- 1 Flasche Sekt (rosé wäre perfekt)
- 12 Himbeeren

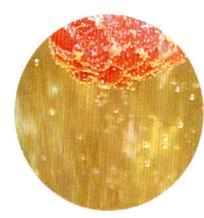

Damit der magische Cocktail seine Wirkung nicht verfehlt, brauchen Sie ein wenig Fingerspitzengefühl, denn er besteht aus mehreren Schichten die sich nicht vermischen sollen. Also, lassen Sie sich Zeit und vor allem: Zittern Sie nicht.

Den Zitronensaft auf 4 Sektgläser verteilen, den Himbeerlikör darübergießen und den Sekt zufügen.

Je 3 Himbeeren in jedes Glas geben.

Tipp: Außerhalb der Himbeersaison können Sie auf tiefgefrorene Beeren zurückgreifen. Diese sollten nur angetaut werden, da sie sonst schnell zu weich werden und nicht mehr appetitlich aussehen. Gefroren dagegen bewahren sie Form und Farbe sind eine Freude für das Auge.

ZAUBERHAFTE HÄPPCHEN

Märchenhafte Appetitanreger

Ein Lebkuchenmännlein steht im Walde ...

Aus einer Scheibe Lebkuchen mit einer Ausstechform ein Männlein ausstechen und 2 Minuten in ein verquirltes Ei legen. Ein Stückchen Butter in der Pfanne erhitzen. Die Lebkuchenfigur hineingeben und goldbraun braten. Mit angebratenen Fleischwurstscheiben servieren.

Hänsel und Gretel auf Diät

Nachdem Hänsel und Gretel sich bei der Hexe mit Naschwerk vollgestopft haben, ist es an der Zeit, mal wieder an die Figur zu denken. Also kochen sie sich ein leichtes Süppchen: 3 Schalotten, einige Garnelen und ein paar Basilikumblättchen werden 15 Minuten in Wasser gekocht.

Bells Blumensalat, zubereitet vom Biest

Die Schöne hat nun einmal eine Vorliebe für Blumen, insbesondere für Veilchen. Liebevoll zupft das Biest die Blüten ab und mischt sie unter einige Chicoréeblätter, die es vorher mit Zitronensaft und Olivenöl (Essig würde die Blumen entfärben) übergossen hat.

Bells
Pastete, zubereitet
für das Biest

Für Ihr ganz persönliches Lieblingsbiest
können auch Sie diese Geflügelleberpastete
zubereiten. Die Geflügelleber mit einem Glas
Pineau des Charentes einige Minuten in der
Pfanne braten. Mit 2 hart gekochten Eigelben und
1 Esslöffel scharfen Senf vermischen. In eine mit
Backpapier ausgelegte Schüssel geben und
einige Stunden in den Kühlschrank stellen.
Mit geröstetem Toast und eingelegten
Zwiebeln servieren.

Jacks magi-
scher Bohnensalat

Eine Handvoll grüne Bohnen
10 Minuten dünsten. Olivenöl
und Balsamico in einer Schüssel
vermischen und das Dressing über
die lauwarmen Bohnen gießen.
Den Salat mit gehobeltem
Parmesan bestreut ser-
vieren.

Radieschenmäuse

Mäuschen, aus Radieschen! Aschenputtels gute Fee hätte das wohl nicht besser hinbekommen und die kennt sich doch mit Verwandlungen nun wirklich aus …
Gut, man braucht dafür schon ein wenig mehr Zeit als für ein einfaches Abrakadabra, aber die Mühe lohnt sich.

Für 4 Personen
- 18 längliche Radieschen
- 32 schwarze Pfefferkörner
- 1 Scheibe Emmentaler
  (ca. 5 mm dick)
- Butter
- 4 Scheiben Landbrot

Die Radieschen waschen und trockentupfen. Das Grün abschneiden, die Wurzeln jedoch keinesfalls, sie werden die Mäuseschwänzchen.

Aus 16 Radieschen schnitzen Sie die Körper, aus den übrigen beiden die Mäuseohren. Dazu braucht es ein wenig Geduld und ein spitzes Messer.

Die Enden ohne Wurzel für die Mäuseschnauzen spitz zuschneiden. Mit der Messerspitze zwei kleine Einschnitte für die Ohren in die Radieschen ritzen. Die beiden dafür vorgesehenen Radieschen in 16 sehr feine Scheiben schneiden und halbieren. Jetzt können Sie die Ohren in die kleinen Schlitze stecken.

Für die Augen mit einem Zahnstocher über der Schnauze vorsichtig jeweils 2 kleine Löcher in die Radieschen stechen. Die Öffnungen müssen so groß sein, dass Sie ein schwarzes Pfefferkorn hineindrücken können. Fertig ist die Maus!

Die Käsescheibe in Dreiecke schneiden und zu den Mäusen servieren. Dazu Butter und Landbrot reichen.

Gefüllte Tomaten

*Wer freut sich nicht an ihnen, den Tomaten im Miniaturformat, die ihren gro-
ßen Schwestern in nichts nachstehen (außer in der Größe)? Die gefüllten
Kirschtomaten sind im Handumdrehen zubereitet, schinden aber richtig Eindruck. Ihre Tischgäste werden über Ihre vermeintliche Ausdauer bei der Zube-
reitung verblüfft sein.*

Für 4 Personen
- 20 Kirschtomaten
- 20 Basilikumblättchen
- 100 g Schafskäse
- frisch gemahlener Pfeffer

Für dieses Rezept benötigt man möglichst dicke Kirschtomaten. Nein, das
muss kein Widerspruch sein! Es gibt
nämlich unter den Kirschtomaten
zwei Kategorien: die ganz kleinen und
die eher rundlichen, dicken.

Tomaten und Basilikumblättchen waschen und trockentupfen. Das Basilikum fein hacken. Den Schafskäse abtropfen lassen, in winzige Würfel
schneiden und in eine Schüssel geben. Das Basilikum vorsichtig untermischen. Pfeffern. Von den Tomaten einen Deckel abschneiden und beiseite legen. Die Tomaten vorsichtig mit einem Löffel aushöhlen, mit der
Schafskäse-Basilikum-Mischung füllen und die Deckel darauflegen.

Tipp: Die einzige Schwierigkeit bei diesem Gericht besteht darin, die Tomaten aufrecht zu halten. Sie machen sich einen Spaß daraus, davonzurol-
len und dabei ihre Füllung zu verlieren. Das können Sie verhindern, indem
Sie die kleinen Wichte auf Salatblätter oder in ein Salzbett setzen.

Socca

Socca nennt man in Nizza diese schmackhaften Pfannkuchen, die an der Côte d'Azur zu den traditionellen Gerichten gehören. Leider verschwinden sie immer öfter von der Speisekarte. Man bekommt sie aber noch in einigen Restaurants in der Altstadt von Nizza oder in den Gässchen von Menton. Ursprünglich ein Armeleuteessen, werden die Pfannkuchen mit Kirschtomaten und Anchovis als leckere Appetithäppchen serviert. Dabei kommen sie im Ganzen lauwarm auf den Tisch. Genau, es darf mit den Fingern gegessen werden.

Für 4 Personen

- 250 g Kichererbsenmehl
- 2 Eier
- Salz
- frisch gemahlener Pfeffer
- 3 Esslöffel Olivenöl

Das Mehl in eine Schüssel geben. Die Eier in einem tiefen Teller verquirlen. 1 Prise Salz, 1 Prise Pfeffer, die Eier und 1 Esslöffel Öl mit dem Mehl verrühren. Nach und nach 200 ml Wasser angießen und mit dem Schneebesen unterrühren, sodass man einen flüssigen Pfannkuchenteig erhält. Wenn der Teig zu dick ist, etwas Wasser nachgießen. 30 Minuten ruhen lassen.

Etwas Öl in einer Pfanne erhitzen und eine Kelle voll Teig hineingeben. Den Pfannkuchen bei mittlerer Hitze goldbraun backen, wenden und die andere Seite ebenfalls goldbraun backen. Etwas Pfeffer darüberstreuen, aus der Pfanne nehmen und warm halten. Den Vorgang für die anderen 3 Pfannkuchen wiederholen.

Tipp: Sie können die Pfannkuchen schon einige Zeit vor dem Essen backen. In Alufolie gewickelt, werden sie im Backofen aufgewärmt, wenn die Gäste kommen.

Zucchinipuffer

Außen knusprig, innen weich, das sind Zucchinipuffer. Die Geschmacksrichtung lässt sich variieren. In Jordanien etwa isst man sie mit Knoblauch, in Südfrankreich bestreut man sie statt mit gemischten Kräutern nur mit Basilikum. Und welche Geschmacksrichtung bevorzugen Sie?

Für 4 Personen
- 4 kleine Zucchini
- 1 Knoblauchzehe
- 2 Eier
- 100 g Mehl
- Salz
- frisch gemahlener Pfeffer
- 3 Esslöffel fein gehackte Kräuter
- Olivenöl

Die Zucchini waschen, trockentupfen und reiben. In ein Sieb geben und 1 Stunde abtropfen lassen. Die Raspel in ein Geschirrtuch wickeln und gut ausdrücken, um möglichst viel Wasser herauszupressen.

Den Knoblauch abziehen und durch die Presse drücken. Die Eier in einem tiefen Teller verquirlen

Die Zucchini in eine Schüssel geben, das Mehl, 1 Prise Salz, 3 Prisen Pfeffer, den Knoblauch, die Kräuter und die Eier gut unterrühren.

Öl in einer Pfanne erhitzen. Kleine, etwa pflaumengroße Portionen von der Masse abnehmen, in die Pfanne geben und 5 Minuten bei mittlerer Hitze anbraten. Wenden, die Temperatur reduzieren und die Zucchinipuffer weitere 5 Minuten braten. Werden sie zu schnell braun, die Temperatur noch weiter reduzieren.

Kartoffelschachbrett

Mit diesem Gericht werden Sie Ihre Gäste in Staunen versetzen. Dabei kommt es natürlich auf die Präsentation an, wobei die violetten Kartoffeln ihren großen Auftritt haben. Nicht jeder kennt die farbige Knolle und so wird oft erst beim Probieren klar, dass sich hinter dem Schachbrett schlichte Kartoffeln verbergen.

Für 4 Personen
- 300 g festkochende Kartoffeln
- 300 g lila Kartoffeln
- 200 g Sauerrahm
- 3 Esslöffel Mayonnaise
- 3 Esslöffel fein gehackter Dill
- Salz
- frisch gemahlener Pfeffer

Die Kartoffeln in einen Topf mit kaltem Wasser geben. Das Wasser zum Kochen bringen und die Kartoffeln 30 bis 40 Minuten darin garen.

Für den Dip inzwischen den Sauerrahm, die Mayonnaise und den Dill in einer Schüssel vermengen. 1 Prise Salz und 3 Prisen Pfeffer unterrühren und den Dip in den Kühlschrank stellen.

Die Kartoffeln abgießen, etwas abkühlen lassen und schälen. Auf einem Küchenbrett in etwa 5 mm dicke Scheiben schneiden und diese in 2 cm große Quadrate. Dabei muss dieselbe Anzahl an violetten und an hellen Quadraten geschnitten werden. Die Kartoffelquadrate wie ein Schachbrett auf einer großen Platte anrichten und dazu den Sauerrahmdip reichen.

Tipp: Am einfachsten ist es, wenn Sie ein Quadrat zurechtschneiden und dieses als Muster für alle weiteren verwenden.

Blätterteigtörtchen mit Majoranblüten

Wenn Sie den Majoran nicht am Wegesrand finden, können Sie ihn leider auch nicht kopfüber trocknen. Bestimmt überlässt Ihnen jedoch das freundliche Personal im Bioladen oder der Marktverkäufer gegen ein geringes Entgelt ein paar der violetten Blüten. Und wenn nicht, dann drohen Sie mit dem Zauberstab!

Für 4 Personen
- 1 Glas in Öl eingelegte Tomaten
- 1 Rolle Blätterteig
- 10 g Majoranblüten
- 4 Esslöffel Olivenöl
- Salz und frisch gemahlener Pfeffer

Den Ofen auf 240 °C (Gas: Stufe 5) vorheizen. Die Tomaten abgießen und gut abtropfen lassen. Den Blätterteig ausrollen. Mit einem Tortelettförmchen (Öffnung nach unten) 4 Kreise aus dem Blätterteig stechen und mit dem Backpapier (das praktischerweise mit dem Blätterteig geliefert wird) in die Förmchen legen. Den Blätterteig mehrmals mit einer Gabel einstechen.

Die Tomaten über die Törtchen verteilen. Großzügig mit Majoranblüten bestreuen und jedes Törtchen mit je einem Esslöffel Öl beträufeln. Salzen, pfeffern und in den Backofen schieben. Die Temperatur auf 220 °C (Gas: Stufe 4) herunterschalten und die Blätterteigtörtchen 20 Minuten backen.

Tipp: Wenn die Törtchen zu schnell bräunen, reduzieren Sie die Temperatur. Sind sie 5 Minuten vor Garzeitende immer noch weiß wie Käse … genau, dann erhöhen Sie die Temperatur.

Marmorierte Eier

Man sagt, dass marmorierte Eier einstmals bei den Hochzeitsbanketten der Kaiser von China kredenzt wurden. Sie erinnern an feines Porzellan und sind eine hübsche Spielart des hart gekochten Eis. »Das ist doch bestimmt total aufwendig«, werden Sie jetzt vielleicht denken. Weit gefehlt! Der Tee erledigt die Arbeit für Sie. Er dringt über Nacht durch die Eischale und zaubert ein filigranes Muster auf das Innere. Simsalabim – bei Sonnenaufgang haben sich die schlichten Eier in kleine Kunstwerke verwandelt.

Für 4 Personen
- 5 Teebeutel
- 8 Eier
- etwas Mayonnaise
- 1 Prise Kurkuma

Die Teebeutel in eine Salatschüssel legen, mit kochendem Wasser überbrühen und 30 Minuten ziehen lassen.

Inzwischen Wasser in einem Topf zum Kochen bringen. Die Eier zufügen und 12 Minuten kochen. Aus dem Topf nehmen und abschrecken. Jetzt kommt der einzig schwierige Teil bei der Sache: Sie müssen die Schale so aufklopfen, dass sie Risse zeigt, aber nicht abplatzt.

Die Eier in den Tee legen und 24 Stunden im Kühlschrank ruhen lassen.

Die Eier schälen … Voilà! Damit sind Sie der Chef.

Die Mayonnaise in ein Schälchen geben, mit der Kurkuma verrühren und zu den Eiern servieren.

Tipp: Wenn Sie stolzer Besitzer eines Eierkochers sind, wissen Sie ja, was Sie zu tun haben …

Bulgur-Kräuter-Salat

Der Salat aus vorgekochtem Weizen mit Kräutern ist inspiriert vom libanesischen Taboulé. Sie fragen sich, was das ist? Werfen Sie den Computer an und googeln Sie. Bei unserem Rezept wird mit Orangensaft nicht gegeizt.

Für 4 Personen
- 2 Tassen Bulgur
- 5 Orangen
- 2½ Tassen gemischte Kräuter
  (Minze, Dill, Petersilie, Koriander, Basilikum)
- ½ Zitrone
- Salz und frisch gemahlener Pfeffer
- 6 Esslöffel Olivenöl

Den Bulgur in einem Topf mit 3 Tassen Wasser und dem Saft von 3 Orangen zum Kochen bringen. Etwa 20 Minuten köcheln lassen, bis der Bulgur die Flüssigkeit aufgesaugt hat.

Inzwischen die Kräuter grob hacken. 1 Orange schälen und die weiße Haut mit einem scharfen Messer abziehen. Die Orange in etwa 1 cm dicke Scheiben schneiden, diese wiederum in kleine Dreiecke teilen.

Den Bulgur in eine Schüssel geben. Die letzte Orange und die Zitrone auspressen. Orangen- und Zitronensaft über den Bulgur gießen. 1 Prise Salz, 3 bis 4 Prisen Pfeffer und 5 Esslöffel Öl unterrühren.

15 Minuten im Kühlschrank abkühlen lassen, dann die Orangenstücke, die zerkleinerten Kräuter sowie den letzten Löffel Öl unterheben.

Gebackene Zucchiniblüten

Blüten und Blumen als Zutaten sind bei den Feen besonders beliebt. Kein Wunder, sind im Feenreich die Ingredienzien für Pfingstrosensalat, Gänseblümchenkuchen oder Begonienfisch doch jederzeit verfügbar. Wir Menschen haben es da schon ein bisschen schwerer, zumal wir auch nicht alles, was blüht, in den Kochtopf werfen können. Bei Zucchiniblüten ist das allerdings kein Problem. Die wachsen im eigenen Garten. Ach so, Sie haben keinen Garten. Auch nicht schlimm. Im Bioladen oder auf dem Markt werden Sie sicher fündig.

Für 4 Personen
- 50 g Weizenmehl
- 50 g Maisstärke
- Salz
- 2 Eier
- 400 ml Milch
- 12 Zucchiniblüten mit Stängel
- Olivenöl

Weizenmehl und Maisstärke in einer Salatschüssel mit 1 Prise Salz gut vermischen. Die Eier in einem tiefen Teller verquirlen und mit der Milch kräftig unter das Mehl schlagen (es dürfen sich keine Klümpchen bilden). Den Teig 30 Minuten ruhen lassen.

Die Zucchiniblüten von den bitteren Stempeln befreien und nacheinander durch den Teig ziehen.

Reichlich Öl in einer Pfanne erhitzen und 3 Zucchiniblüten hineingeben. Von beiden Seiten goldbraun braten, herausnehmen und auf Küchenpapier abtropfen lassen. Diesen Vorgang mit den übrigen Blüten wiederholen.

Tipp: Die Stängel sind nur eine Freude für das Auge, nicht für den Magen.

Kürbissuppe in der Kutsche

Aschenputtels Tante lässt grüßen. In der Kutsche verbirgt sich eine cremige Suppe, verfeinert mit Muskatnuss und Kastanien, die mit dem Kürbis eine unglaubliche geschmackliche Verbindung eingehen.

Für 4 Personen
- 1 kleiner Kürbis (ca. 500 g)
- 150 g Kartoffeln
- 8 Esskastanien im Glas
- Salz
- Butter
- 1 Teelöffel geriebene Muskatnuss
- ½ l Milch
- frisch gemahlener Pfeffer
- 1 Zitrone

Vom Kürbis einen Deckel abschneiden. Das Innere mit einem Löffel herauskratzen, ohne die Kürbiswand zu verletzen. Die Kerne entsorgen und das Kürbisfleisch in kleine Stücke schneiden. Die Kartoffeln schälen und in mundgerechte Stücke schneiden. Die Kastanien in ein Sieb geben und abtropfen lassen. Kürbis- und Kartoffelstücke in einen Topf mit gesalzenem Wasser geben. Das Wasser zum Kochen bringen, die Temperatur reduzieren und alles 30 Minuten garen.

Inzwischen die Butter in einer Pfanne zerlassen und die Kastanien darin bei milder Hitze unter gelegentlichem Rühren rösten. Die Kastanien vierteln (vorausgesetzt, sie sind nicht schon von selbst auseinandergefallen).

Kartoffeln und Kürbisse abgießen. Mit Muskatnuss und etwas Milch im Mixer pürieren. Das Püree in einen Topf geben, die restliche Milch nach und nach zufügen und die Suppe unter ständigem Rühren weiterkochen. Ist sie zu dick, noch ein wenig Milch unterrühren.

Die Kastanien in die ausgehöhlte Kürbisschale legen. Die Suppe darübergießen, 4 bis 5 Prisen Pfeffer darüberstreuen und die Terrine mit dem Deckel schließen.

Von der Zitrone 4 gleich große Scheiben abschneiden und mit Zahnstochern als Wagenräder an der Kürbisschale feststecken.

Kühle Mandelcremesuppe

Das Rezept für diese Suppe stammt von einer waschechten Fee: Carabosse. Da wir ja wissen, dass sie es nicht allzu gut mit uns Menschen meint, mussten wir das Rezept allerdings geringfügig abändern. Carabosse bereitet die Suppe nämlich mit Bittermandeln zu, die können für uns Menschen jedoch jene Wirkung haben, die die Fee mit ihrem Fluch für Dornröschen vorgesehen hatte …

Für 4 Personen
- 200 g geriebene Mandeln
- 1 l Milch
- Salz
- frisch gemahlener Pfeffer
- 8 Eiswürfel

Die Mandeln in eine Schüssel geben. 50 ml Wasser nach und nach unterrühren, sodass eine dicke, klebrige Paste entsteht.

Die Milch in einem Topf aufkochen und nach und nach unter die Mandelpaste rühren. Mit Salz und Pfeffer abschmecken. Die Suppe abkühlen lassen, in 4 Gläser ohne Stiel füllen und je 2 Eiswürfel zufügen.

Für einen noch eindrucksvolleren Effekt kann man ein wenig Suppe in den Eiswürfelbehälter gießen. Einige Stunden ins Gefrierfach stellen, dann in die Mandelcremesuppe geben und servieren.

Tipp: Einmal kurz den Zauberstab geschwungen und schon wird die Suppe zum Dessert. Probieren Sie es aus. Anstelle von Salz und Pfeffer geben Sie 50 g Zucker oder Honig in die kochende Milch. Zum Schluss garnieren Sie das Ganze mit Plätzchenkrümeln.

Kressesuppe mit Radieschenblättern

Sie haben noch nie Radieschenblätter gegessen? Na, dann aber ran an den Kochtopf! Im Zusammenspiel mit der Kresse, den Kartoffeln und der Crème fraîche sind Radieschenblätter unschlagbar.

Für 4 Personen
- 300 g Kartoffeln
- 400 g Kresse
- 100 g Radieschenblätter
- 20 g Butter
- Salz
- frisch gemahlener Pfeffer
- 6 Radieschen
- 4 Esslöffel Crème fraîche

Die Kartoffeln schälen und in kleine Würfel schneiden. Die Kresse und die Radieschenblätter waschen und trockentupfen. Die Butter in einem Topf bei milder Hitze zerlassen. Kresse und Radieschenblätter dazugeben und 3 Minuten unter ständigem Rühren dünsten. 1½ l kaltes Wasser und die Kartoffelwürfel dazugeben. Salzen und pfeffern. Das Wasser zum Kochen bringen, die Temperatur reduzieren und alles 25 Minuten köcheln lassen.

Inzwischen die Radieschen waschen, trockentupfen und in feine Scheiben schneiden. Die Suppe im Mixer pürieren und auf 4 Teller verteilen. Je 1 Esslöffel Crème fraîche daraufgeben, mit den Radieschenscheiben garnieren und servieren.

Tipp: Sie können die Suppe bereits am Vortag zubereiten.

Törtchen mit Pfifferlingen

Ein Herbstrezept? Mitnichten! Echte Feen unterwerfen sich keinen zeitlichen Zwängen wie etwa der Pilzsaison, da wird einfach ein wenig gezaubert. Und wir? Wir hexen uns tiefgefrorene Pilze herbei. Wenn Sie natürlich Eindruck schinden wollen, servieren Sie die Suppe doch im Herbst – wer würde es dann wagen, zu bezweifeln, dass Sie sich selbst in den Wald zum Pilzesammeln aufgemacht haben?

Für 4 Törtchen

- 500 g Pfifferlinge
- 1 Esslöffel Olivenöl
- 10 g Butter
- 1 Knoblauchzehe
- 1 kleiner Bund Petersilie
- 2 Eier
- 250 g Crème fraîche
- Salz
- frisch gemahlener Pfeffer
- 1 Rolle Mürbeteig

Den Ofen auf 240 °C (Gas: Stufe 5) vorheizen.

Die Pfifferlinge putzen und die (sandigen) Füße abschneiden. Große Pilze halbieren. Die Pfifferlinge in ein Sieb geben, kurz mit kaltem Wasser abspülen und trockentupfen.

Den Knoblauch abziehen und durch die Presse drücken.

Das Öl und die Butter in einer großen Pfanne erhitzen. Den Knoblauch und die Pilze zufügen und unter gelegentlichem Rühren 15 Minuten dünsten. Wenn Sie tiefgekühlte Pfifferlinge verwenden, verlängert sich die Garzeit um 5 Minuten.

Inzwischen die Petersilie waschen und trockentupfen. Die Blättchen abzupfen und fein hacken. Eier, Crème fraîche, 1 Prise Salz und 3 bis 4 Prisen Pfeffer in einer Schüssel gut verrühren. Die Pilze unterheben.

Den Mürbeteig ausrollen und auf 4 gefettete Tortelettförmchen verteilen. Die Pilzmischung darübergeben. Den Ofen auf 200 °C (Gas: Stufe 3) herunterschalten und die Pilztörtchen ca. 20 Minuten backen.

Avocadosalat mit Äpfeln und Nüssen

Fast wie Avocados in Vinaigrette … Nur dass sich hier die Vinaigrette in ein cremiges Dressing verwandelt. In Walnusskernen und Apfelstücken finden die Avocadoscheibchen ein knuspriges, knackiges Gegengewicht. Diese Mischung ist so verführerisch, dass Schneewittchen schon wieder nicht Nein sagen kann.

Wir haben den Salat in einer eigens angefertigten Holzrübe serviert. Ein befreundeter Drechsler hat sie uns geschnitzt. Wenn Sie handwerklich eher unbegabt sind und sich im Freundeskreis kein begnadeter Schnitzer findet, können Sie das Gericht leider nicht servieren. – Nein, Spaß beiseite: Sie können selbstverständlich eine ganz normale Servierschüssel aus dem Schrank holen.

Für 4 Personen
- 1 Apfel
- ½ Zitrone
- 20 Walnüsse
- 1 Teelöffel Apfelweinessig
- 4 Esslöffel Walnussöl
- Salz
- frisch gemahlener Pfeffer
- 2 Avocados

Den Apfel schälen, halbieren, das Kerngehäuse entfernen und das Fruchtfleisch in 2 cm große Würfel schneiden. Mit etwas Zitronensaft beträufeln, damit es nicht braun wird.

2 Walnüsse im Mixer zu einem klebrigen Pulver pürieren und in einer Schüssel mit dem Essig mischen. Das Öl nach und nach unter ständigem Rühren unterziehen. Salzen und pfeffern. Die Konsistenz der Soße sollte an Mayonnaise erinnern.

Die Avocados schälen, halbieren und den Stein entfernen. Die Frucht in schmale Spalten schneiden und mit dem restlichen Zitronensaft beträufeln (Sie wissen ja, warum …).

Die Avocadoscheiben in eine Schüssel legen, mit den Apfelwürfeln und den ganzen Walnüssen bestreuen, das Nuss-Dressing darübergeben und den Salat servieren.

Dafür lässt der Wolf sogar die Grossmutter sausen

Märchenhafte Speisen

Das Sashimi der kleinen Meerjungfrau

Ein Stück Lachsfilet in hauchdünne Scheiben schneiden. 10 Minuten in einer Olivenöl-Zitronensaft-Vinaigrette, verfeinert mit einer Prise Zucker, marinieren. Rote Pfefferkörner darüberstreuen und servieren.

Dornröscheneier

Kaufen Sie ohne Bedenken in einem Asialaden die berühmten hundertjährigen Eier. Tatsächlich »schlafen« diese Eier einige Wochen in einem Bett aus Kalk, Lehm und Asche und werden so konserviert. Sie passen hervorragend zu einem Salat aus jungem Spinat, der mit Sesamöl angemacht ist.

Die Zwiebeln aus Aschenputtels Asche

Halbieren Sie einige Zwiebeln (nicht schälen!) und legen Sie wie bei einem Sandwich eine Scheibe Schinken zwischen zwei Hälften. Die Hälften wieder zusammensetzen und in Alufolie wickeln. In Glut gegart ein Hochgenuss!

Die
Lieblingsspeise der
drei kleinen Schweinchen

Wie es dem bösen Wolf erging, der die
drei kleinen Schweinchen fressen wollte,
wissen Sie ja vermutlich. Nein? Ruck, zuck landete er im Topf und wurde ein leckeres Ragout.
Ein solches können Sie auch mit Kalbfleisch zubereiten, nur für den Fall, dass Ihr Metzger gerade
keinen Wolf im Angebot hat. Zwiebeln und
Champignons dazugeben, salzen, pfeffern
und ein Glas Weißwein angießen. Alles
45 Minuten bei milder Hitze
köcheln lassen.

König Blaubarts Tatar

Senf, Kapern, Ketchup, Wor-
cestersoße, kleine eingelegte
Tomatenstücke und Olivenöl vermischt mit frischem, rohem Rin-
derhack – ein Tatar nach König
Blaubarts Geschmack.

Enten-Orangen-Carpaccio

Eine Variante der Orangenente, die sich sehen lassen kann. Das Nussöl betont dabei auf wunderbare Weise den Geschmack des geräucherten Entenfleisches, während die Orange für Frische sorgt. Das Carpaccio eignet sich hervorragend für ein schnelles Dinner (man hat ja schließlich auch noch was anderes vor) oder für einen Abend, an dem man einfach zu müde zum Kochen ist.

Für 4 Personen

- 4 Orangen
- 2 geräucherte Entenbrustfilets
- 2 Esslöffel Walnussöl
- 1 Esslöffel Sonnenblumenöl
- Salz
- frisch gemahlener Pfeffer

Die Orangen schälen. Die weiße Haut mit einem scharfen Messer abziehen. Das Fruchtfleisch in ca. 5 mm dicke Scheiben schneiden und auf 4 Tellern arrangieren. Die Entenbrüste in hauchdünne Scheiben schneiden und dekorativ auf den Orangenscheiben anrichten.

Beide Öle mit 1 Prise Salz in einer Schüssel verrühren. Die Mischung über das Enten-Carpaccio träufeln. Mit grob gemahlenem Pfeffer bestreuen und servieren.

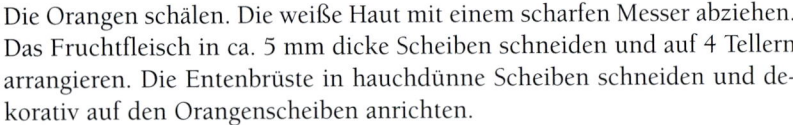

Forellen mit Mandelfüllung

Forellen mit Mandeln? Das klingt ungewöhnlich – und diese hier kommen sogar frisch verpackt und nach Fenchel duftend daher. Eine durchaus reizvolle Vorstellung, vor allem, wenn die butterweichen Forellen plötzlich auch noch die knusprigen Mandeln freigeben.

Für 4 Personen
- 1 kleine Lauchstange
- 1 Fenchelknolle
- 4 küchenfertige Forellen
- 100 g geriebene Mandeln
- Salz
- frisch gemahlener Pfeffer
- 1 Ei
- 24 geschälte Mandeln
- Öl

Den Backofen auf 240 °C (Gas: Stufe 5) vorheizen.

Die Lauchstange putzen, waschen, längs halbieren und in 16 Streifen schneiden. Die Fenchelknolle putzen, waschen, trockentupfen und in feine Streifen schneiden.

Die Forellen kurz unter kaltem Wasser abbrausen und mit Küchenpapier trockentupfen.

Die geriebenen Mandeln, Salz, Pfeffer und das Ei in einer Schüssel verrühren. Die Forellen mit dieser Mischung und jeweils mit 6 ganzen Mandeln füllen. Die Fische großzügig mit dem Fenchel bestreuen und auf jede Forelle 4 Lauchstreifen legen.

Den Ofen auf 200 °C (Gas: Stufe 3) herunterschalten.

4 große Stücke Alufolie mit Öl einpinseln, die Fische darin einwickeln und 20 bis 25 Minuten im Ofen garen.

Die Fische im geöffneten Alupäckchen mit Pellkartoffeln und Butter servieren.

Putenrouladen mit Eifüllung

Ein Rezept, das selbst in Alice' Wunderland für Furore sorgen würde. Man kann sich die Kleine sehr gut vorstellen, wie sie die Rouladen probiert, während sie neben Humpty Dumpty (der von dem Gericht nicht so begeistert sein dürfte) auf einer Mauer sitzt.

Für 4 Rouladen

- 4 Eier
- 4 Putenschnitzel
- 4 Teelöffel gemahlener Kümmel
- Salz
- frisch gemahlener Pfeffer
- 3 Esslöffel Olivenöl
- 4 Orangen
- 6 Esslöffel Crème fraîche

Die Eier in einem Topf in kochendem Wasser 10 Minuten hart kochen. Abgießen, abschrecken und schälen.

Die Putenschnitzel mit Frischhaltefolie abdecken und mit dem Handballen etwas flach drücken.

1 Teelöffel Kümmel, 1 Prise Salz und 2 Prisen Pfeffer in einer Schüssel vermischen und das Fleisch damit würzen.

Ein hartes Ei mit etwas Öl bestreichen. Im übrigen Kümmel wenden, sodass es gleichmäßig davon bedeckt ist. Das Ei in ein Putenschnitzel rollen und mit Küchengarn fixieren. Den Vorgang mit den anderen Eiern wiederholen.

Die Orangen halbieren und auspressen.

Das restliche Öl in einer großen Pfanne erhitzen. Die Rouladen hineingeben und rundherum ca. 5 Minuten kräftig anbraten.

Die Temperatur reduzieren und den Orangensaft sowie 200 ml Wasser angießen. Abdecken und das Fleisch 30 Minuten garen.

Die Rouladen halbieren und jeweils beide Hälften auf einen Teller legen.

Die Orangensoße mit der Crème fraîche verrühren, um die Rouladen verteilen und mit Thymiannudeln (Seite 104) servieren.

Hühnchenspieße mit Curry

In den Wäldern, in denen Hexen und Räuber hausen, werden die Spieße über offenem Feuer gegrillt, was dem Fleisch ein ganz besonderes Aroma verleiht. Warum machen Sie es nicht auch mal wie die Hexen und Räuber? Am Lagerfeuer sitzen, der Duft nach Gebratenem zieht durch den Wald und vielleicht holt zu vorgerückter Stunde sogar noch jemand seine Gitarre heraus, wenn das nicht Romantik pur ist …

Nun ja, sehen wir der Realität ins Auge, vermutlich braten Sie das Fleisch ja doch in der Pfanne.

Für 2 Personen
- 2 Hühnerbrustfilets
- Salz
- frisch gemahlener Pfeffer
- 2 Eier
- 200 g Paniermehl
- 3 Teelöffel Currypulver
- 3 Esslöffel Olivenöl

Die Hühnerbrustfilets waschen, trockentupfen, in mundgerechte Stücke schneiden, salzen und pfeffern.

Die Eier in einem tiefen Teller verquirlen. Paniermehl und Currypulver in einer Schüssel vermengen und die Mischung auf einen großen Teller geben.

Das Fleisch im verquirlten Ei und anschließend in der Paniermehl-Curry-Mischung wenden. Die Geflügelstücke auf 4 Schaschlikspieße stecken.

Das Öl in einer großen Pfanne erhitzen und die Fleischspieße rundherum scharf anbraten. Die Temperatur reduzieren und das Fleisch unter gelegentlichem Wenden 10 bis 15 Minuten garen.

Mit Tagliatelle und Haselnusspesto (Seite 108) servieren.

Tipp: Sie können die Spieße auch mit Garnelen zubereiten.

Gebratene Wachteln mit Trockenfrüchten

Sie lieben Geflügel? Pute, Hühnchen, Ente, Gans, Wachtel? Wachtel? Ja, Sie lesen richtig: Wachtel. Noch nie probiert? Sie werden überrascht sein, was herauskommt, wenn zartes Wachtelfleisch mit süßen Trockenfrüchten flirtet.

Für 4 Personen
- 1 Ei
- 100 ml Milch
- 2 Scheiben Toastbrot
- 5 getrocknete Feigen
- 5 getrocknete Aprikosen
- 1 kleine Handvoll Rosinen
- 100 g Paniermehl
- 50 g geriebene Haselnüsse
- Salz
- frisch gemahlener Pfeffer
- 4 küchenfertige Wachteln
- Olivenöl
- 12 Schalotten

Den Ofen auf 250 °C (Gas: Stufe 5) vorheizen.

Das Ei mit der Milch in einer Schüssel verquirlen. Das Toastbrot in Stücke brechen und darin einweichen. Feigen und Aprikosen in sehr kleine Stücke schneiden. Das Toastbrot mit einer Gabel zerdrücken.

Feigen- und Aprikosen, Rosinen, die Hälfte des Paniermehls sowie die Hälfte der Haselnüsse in die Schüssel geben und alles gut vermischen. Salzen und pfeffern. Die Wachteln mit der Mischung füllen. Die Öffnung mit Küchengarn zunähen.

Die Wachteln mit Öl bestreichen und in eine große Auflaufform legen. Das restliche Paniermehl und die übrigen Haselnüsse in einer Schüssel vermischen. Die Wachteln salzen, pfeffern und mit der Mehl-Nuss-Mischung einreiben.

Die Schalotten mit Schale zwischen die Wachteln legen. 100 ml Wasser in die Auflaufform gießen.

Den Ofen auf 220 °C herunterschalten (Gas: Stufe 4), die Form hineinstellen und die Wachteln ca. 40 Minuten garen (das Fleisch muss innen weiß sein), dabei nach der Hälfte der Garzeit wenden.

Entengeschnetzeltes im Champignonwald

Das Unterholz schimmert im rötlichen Sonnenlicht eines Herbstnachmittags. Im Gras funkeln die Champignons und laden dazu ein, sie zu sammeln. Das lassen sich die Feen nicht zweimal sagen. Und Sie, wie stehts mit Ihnen, haben Sie auch Lust auf frische Champignons?

Für 4 Personen
- 4 Entenbrustfilets
- 1 kg frischer Spinat
  (oder 500 g Tiefkühl-Spinat)
- 250 g kleine Champignons
- 1 Zitrone
- Salz
- 1 Esslöffel Olivenöl
- 15 g Butter
- 1 Teelöffel Zucker
- frisch gemahlener Pfeffer
- ¼ l Sojamilch

Die Entenbrustfilets in Streifen schneiden.

Den Spinat putzen, waschen und 10 Minuten in einem Topf dünsten. Tiefgefrorenen Spinat bei milder Hitze in einem Topf unter gelegentlichem Rühren auftauen und kurz aufkochen lassen.

Inzwischen die Champignons abreiben. Wasser in einem Topf zum Kochen bringen. Den Saft einer halben Zitrone sowie eine Prise Salz dazugeben. Den Herd ausschalten, die Champignons in den Topf geben und 10 Minuten garen.

Öl und Butter in einer Pfanne auf mittlerer Stufe erhitzen. Den restlichen Zitronensaft, den Zucker und das Entenfleisch unterrühren. Salzen, pfeffern und 5 bis 10 Minuten garen. Dabei gelegentlich wenden, damit das Entenfleisch den Zitronenkaramell aufnimmt. Das Fleisch aus der Pfanne nehmen und warm stellen.

Den Spinat abgießen und auspressen, um das Wasser vollständig herauszudrücken. Mit der Sojamilch in die Pfanne geben und kurz bei milder Hitze erwärmen. Mit Salz und Pfeffer abschmecken.

Auf 4 Teller jeweils eine Schicht Soja-Spinat-Mischung verteilen, darüber die Pilze und das Entengeschnetzelte geben.

Kartoffelpuffer mit Kräuterbutter

Wer weiß? Vielleicht waren die Leckereien in Rotkäppchens Korb ja rund und goldgelb. Wir werden es wohl nie erfahren. Aber eines wissen wir genau: Die Kräuterbutter macht sich ganz wunderbar auf den heißen Kartoffelpuffern.

Für 8 Kartoffelpuffer
Für die Kräuterbutter
- 75 g Butter
- 4 Petersilienstängel
- 8 Schnittlauchstängel
- Salz
- frisch gemahlener Pfeffer

Für die Kartoffelpuffer
- 4 Kartoffeln
- 4 Esslöffel Milch
- 4 Esslöffel Mehl
- ¼ Teelöffel Backpulver
- 1 Ei
- 2 Esslöffel Maisstärke
- Salz
- frisch gemahlener Pfeffer
- Olivenöl

Die Butter etwa 1 Stunde vor Kochbeginn aus dem Kühlschrank nehmen, sie sollte Zimmertemperatur haben. Die Kräuter fein hacken und mit der Butter und etwas Salz mit einer Gabel in einer Schüssel vermengen. Gut pfeffern und nochmals vermischen. Mit Frischhaltefolie abdecken und in den Kühlschrank stellen.

Die Kartoffeln schälen und je nach Größe in 4 oder 6 Stücke schneiden. In einen Topf geben und mit kaltem Wasser bedecken. Das Wasser zum Kochen bringen, die Temperatur reduzieren und die Kartoffeln 20 Minuten garen. Abgießen, in eine Schüssel geben und mit einer Gabel zerdrücken. Milch, Mehl, Backpulver, Ei und Maisstärke untermengen, sodass ein homogener, fester Teig entsteht. Salzen und pfeffern.

Den Teig in 8 Häufchen teilen und diese zwischen den Händen zu kleinen Fladen drücken. Reichlich Öl in einer Pfanne erhitzen, 4 Puffer hineinlegen und auf mittlerer Stufe von beiden Seiten jeweils 5 Minuten goldgelb backen. Herausnehmen und warm stellen. Den Vorgang mit den übrigen 4 Puffern wiederholen. Die Kräuterbutter aus dem Kühlschrank nehmen und zu den Kartoffelpuffern servieren.

Kaninchenbraten mit Rotweinbirnen und Polenta-Sternen

Feen sind kreativ. Statt der Pflaumen haben sie für dieses Rezept getrocknete Birnen verwendet. Wo es die gibt? Im Feenreich, im Märchenland … Schon gut, natürlich auch beim Obst- und Gemüsehändler oder im Bioladen.

Für 4 Personen
- 250 g getrocknete Birnen
- 4 Schalotten
- 1 Kaninchen
- 4 Esslöffel Olivenöl
- 40 g Butter
- 1 Esslöffel Kräuter der Provence
- 200 g Speckwürfel
- Salz
- frisch gemahlener Pfeffer
- ¼ l trockener Rotwein
- 100 g Polenta

Die getrockneten Birnen in kleine Stücke schneiden und in eine Schüssel mit heißem Wasser legen. Die Schalotten abziehen und in feine Ringe schneiden. Das Kaninchen tranchieren.

2 Esslöffel Öl in einem Bräter auf höchster Stufe erhitzen. Das Fleisch darin unter Wenden rundum kräftig anbraten. Herausnehmen und auf einen Teller legen.

Die Hälfte der Butter im Bräter zerlassen. Die Schalotten darin unter Rühren glasig dünsten. Kräuter der Provence und Speckwürfel dazugeben und einige Minuten unter Rühren knusprig braten. Aus dem Bräter nehmen und beiseite stellen.

Die Birnenstücke in den Bräter legen. Das Kaninchenfleisch zufügen, salzen und pfeffern. Den Rotwein und 200 ml Wasser angießen und das Fleisch 40 Minuten garen. Evtl. noch ein wenig Wasser angießen.

Die Polenta nach Packungsanweisung zubereiten. Ein Küchenbrett mit dem restlichen Öl einfetten und die warme Polenta daraufstreichen. Die Polentaschicht sollte ca. 1 cm dick sein. Mit einer Sternform 4 Sterne pro Person ausstechen. Die restliche Butter in einer Pfanne zerlassen und die Polenta-Sterne darin goldbraun braten.

Auberginen-Sandwiches mit Sahnefüllung

Die Aubergine ist ein leckeres Gemüse, aber sie saugt Öl auf wie ein Schwamm.
Nach orientalischer Pilaw-Art zubereitet, wird die Eierfrucht butterweich und
ist leicht verdaulich.

Für 4 Personen
- 4 Petersilienstängel
- 4 kleine Auberginen
- 3 Esslöffel Olivenöl
- 100 g Speckwürfel
- 200 g Schlagsahne
- Salz
- frisch gemahlener Pfeffer
- 3 Teelöffel gemahlener
  Koriander

Die Petersilie waschen und trockentupfen. Die Blättchen abzupfen. Die Auberginen längs in 4 gleich dicke Scheiben schneiden.

2 Esslöffel Öl in einer Pfanne erhitzen und jede Scheibe jeweils 2 Minuten von beiden Seiten braten. Mit Wasser bedecken, die Hitze reduzieren und die Pfanne abdecken. Die Auberginenscheiben so lange braten, bis das gesamte Wasser aufgesaugt ist. Das restliche Öl zufügen und alles 1 Minute weitergaren. Die Pfanne vom Herd nehmen.

Die Speckwürfel 5 Minuten unter Rühren in einer beschichteten Pfanne anbraten. Die Sahne in eine Schüssel geben und mit dem Handrührgerät steif schlagen. Salzen, 2 Prisen Pfeffer sowie den Koriander zufügen und alles vorsichtig vermischen.

Auf jeden Teller 1 Auberginenscheibe legen. Einige Petersilienblättchen, Speckwürfel und eine Schicht Koriandersahne daraufgeben. Diesen Vorgang zweimal wiederholen und zum Schluss eine Auberginenscheibe auflegen. Die Auberginen sofort servieren.

Hähnchen-Taler mit Kümmelpanade

Hähnchen-Taler nennen die Feen die panierten Geflügelstücke, bei uns Menschen sind sie unter dem Namen »Hähnchen-Nuggets« besser bekannt. Kinder lieben die knusprigen Fleischstücke, doch auch die Erwachsenen werden von diesem raffinierten Gericht schwärmen. Die rosa Soße sorgt für einhellige Begeisterung. Und der Clou: In 20 Minuten ist alles fertig.

Für 16 Nuggets
- 2 Hühnerbrustfilets
- 2 Eier
- 100 g Paniermehl
- 3 Teelöffel Kümmel
- 1 Teelöffel gemahlener Kümmel
- Salz
- frisch gemahlener Pfeffer
- 3 Esslöffel Sonnenblumenöl

Für die Soße
- 100 g Sauerrahm
- 2 Esslöffel Mayonnaise
- 2 Esslöffel Ketchup
- 1 Teelöffel gemahlener rosa Pfeffer
- Salz

Die Hühnerbrustfilets jeweils in 8 Stücke schneiden. Die Eier in einer Schüssel verquirlen. Das Fleisch untermischen, sodass es vollständig mit Ei bedeckt ist.

Das Paniermehl mit dem ganzen und dem gemahlenen Kümmel sowie etwas Salz und Pfeffer in einem tiefen Teller mischen.

Das Fleisch abtropfen lassen und in der Paniermehl-Kümmel-Mischung wenden. Das Öl in einer Pfanne erhitzen und das Fleisch darin unter regelmäßigem Wenden etwa 15 Minuten braten.

Für die Soße den Sauerrahm, die Mayonnaise, das Ketchup und den rosa Pfeffer in einer Schüssel mischen. Mit etwas Salz abschmecken.

Tipp: Die Hähnchen-Taler passen ausgezeichnet zu Kartoffelpuffern mit Kräuterbutter (Seite 94).

Omelett mit Karotten-Minze-Füllung

Auf die Kulinarik verstehen sie sich, die Feen, wie auch dieses Omelett beweist, das ein knackig erfrischendes Geheimnis birgt: eine Füllung aus geriebenen Karotten und Minze.

Für 4 Personen

- 4 Karotten
- 1 kleines Bund Minze
- Salz
- 10 Eier
- frisch gemahlener Pfeffer
- 4 Esslöffel Olivenöl

Die Karotten schälen und reiben. Die Minzeblättchen waschen, trockentupfen und bis auf 4 Blättchen fein hacken. Die gehackten Blättchen mit den Karotten in einer Schüssel vermischen und salzen. Mit dem Schneebesen 8 Eier in einer Schüssel verquirlen. Salzen und 3 Prisen Pfeffer darüberstreuen. Die übrigen Eier aufschlagen, dabei Eiweiß und Eigelb trennen. Die Eigelbe mit den verquirlten Eiern verrühren. Die Eiweiße zu steifem Schnee schlagen. Den Eischnee unter die verquirlten Eiern heben.

1 Esslöffel Öl in einer großen Pfanne erhitzen und ein Viertel der Eier hineingeben. Wenn die Eier gestockt sind, ein Viertel der Karotten-Minze-Mischung auf einer Hälfte des Omeletts verteilen. Zusammenklappen, aus der Pfanne nehmen und warm stellen. Den Vorgang dreimal wiederholen. Die Omeletts vor dem Servieren mit den Minzeblättchen garnieren.

Farfalle mit Thymian

Manche Gerichte wirken geradezu wohltuend. Sie versprechen Entspannung und Trost. Kosten Sie einmal diese Thymiannudeln – schon breitet sich ein Wohlgefühl aus, als liege man in eine warme Decke gehüllt oder mit einer Katze auf den Knien am Lagerfeuer. Die Erfinderin des Rezepts muss eine Fee sein, die sich auf eine gemütliche Atmosphäre versteht.

Für 4 Personen
- 1 Esslöffel Olivenöl
- 500 g Farfalle
- 1 kleiner Bund Thymian
- 1½ Würfel Geflügelbrühe
- 50 g Butter
- frisch gemahlener Pfeffer

Einen großen Topf mit Wasser füllen und 1 Esslöffel Öl dazugeben. Nicht salzen. Das Wasser zum Kochen bringen und die Nudeln darin nach Packungsanweisung garen. Abgießen (dabei das Wasser auffangen) und abtropfen lassen.

Den Thymian waschen, trockentupfen und fein hacken.

Das Kochwasser wieder in den Topf gießen. Brühwürfel, Thymian und Butter zufügen. Die Brühe aufkochen und 3 Minuten unter ständigem Rühren köcheln lassen. Den Herd ausschalten. Die Nudeln in den Topf geben und in der Brühe erwärmen.

Die Farfalle mit der Brühe auf 4 Teller verteilen, etwas Pfeffer darüberstreuen und servieren.

Tipp: Mit den Rouladen von Seite 86 sind die Thymiannudeln unschlagbar.

Saftige Hähnchenkeulen

Eines der kreativsten und ungewöhnlichsten Rezepte aus dem Märchenland, das gern bei Hofe aufgetischt wird, wenn sich hoher Besuch angekündigt hat.

Für 4 Personen
- 4 Hähnchenkeulen
- 100 ml weißer Traubensaft
- Salz
- frisch gemahlener Pfeffer
- 4 frische Weinblätter
  (gibts in orientalischen Lebensmittelläden)
- 2 Esslöffel Olivenöl

Die Hähnchenkeulen in einen tiefen Teller legen und mit dem Traubensaft begießen. Salzen, pfeffern und etwa 1 Stunde marinieren, dabei mehrmals wenden.

Wasser in einem Topf zum Kochen bringen und die Weinblätter darin etwa 2 Minuten blanchieren. Jede Hähnchenkeule in ein Blatt wickeln und mit Küchengarn festbinden.

Das Öl in einer großen Pfanne erhitzen, die Hähnchenkeulen hineingeben und rundum scharf anbraten. Die Temperatur reduzieren.

Die Marinade angießen, die Pfanne abdecken und das Fleisch 45 Minuten bei milder Hitze garen, dabei gelegentlich wenden.

Tipp: Die Bewohner des Märchenlands sind äußerst kreativ. Sie verwenden für die Marinade anstelle des Traubensafts gern auch mal Zitronen- oder Orangensaft mit etwas Zucker vermischt.

Tagliatelle mit Haselnusspesto

Wenn dieses Gericht im Märchenland gekocht wird, lassen die Bewohner alles stehen und liegen. Der Baum kann später noch gefällt werden und die Beeren, die in das Körbchen sollen, laufen auch nicht weg. Wetten, bei Ihnen passiert das Gleiche, wenn der Duft des Haselnusspestos durch die Wohnung zieht.

Für 4 Personen
- 200 g Haselnusskerne
- 100 g Pinienkerne
- Haselnussöl
- Salz
- frisch gemahlener Pfeffer
- 4 Esslöffel Olivenöl
- 4 Salbeiblätter
- 500 g frische Tagliatelle

Die Haselnüsse auf ein Backblech legen und im vorgeheizten Ofen bei 180 °C (Gas: Stufe 2) rösten, bis die braune Haut zarte Risse zeigt. Herausnehmen, abkühlen lassen und die Haut mit einem Geschirrtuch abreiben. Die Nüsse im Mörser zerstoßen. Sie müssen noch stückig sein. Die Pinienkerne im Mixer fein zermahlen. Nach und nach so viel Haselnussöl untermixen, dass eine cremige Paste entsteht, die etwa die Konsistenz von Mayonnaise hat.

Die gemahlenen Nussstücke zufügen, salzen, pfeffern und alles nochmals kurz mixen.

Reichlich Wasser mit etwas Salz, 1 Esslöffel Olivenöl und den Salbeiblättern in einen Topf geben und zum Kochen bringen. Die Temperatur reduzieren, die Nudeln in das Wasser geben und nach Packungsanweisung garen. Abgießen und die Salbeiblätter herausnehmen. Die Tagliatelle in eine große Schüssel geben und das restliche Öl untermischen. Mit Salz und Pfeffer abschmecken.

Die Nudeln auf 4 Teller verteilen, das Nusspesto darübergeben und das Gericht mit den Salbeiblättern garniert servieren.

Eingelegter Knoblauch

Haben Sie schon einmal von einer Fee gehört, deren Fingerspitzen nach Knoblauch riechen? Diese Vorstellung ist so entsetzlich (aber auch ein bisschen amüsant), dass man gar nicht daran denken möchte. Also ist die Sache klar: Im Feenreich gibt es gar keinen Knoblauch. Quatsch! Sie wissen doch, der Zauberstab. Und weil wir Menschen damit nicht so gut umgehen können, verraten wir Ihnen, wie Sie die würzigen Zehen einlegen können, ohne dass Ihnen der Knoblauchgeruch noch tagelang an den Fingern klebt.

Für 1 Einmachglas
- 15 ungeschälte Knoblauchzehen
- Olivenöl
- 2 Gewürznelken
- 1 Teelöffel Fenchelsamen
- 1 Teelöffel Koriandersamen
- 1 Teelöffel schwarze Pfefferkörner
- Salz

Die Knoblauchzehen mit Schale in einen Topf geben. Nelken, Fenchel, Koriander, Pfeffer und 2 Prisen Salz hinzufügen. Alles mit Öl bedecken und bei milder Hitze 45 Minuten kochen.

Das Öl im Topf abkühlen lassen. Die Mischung mit den Knoblauchzehen in ein sauberes Glas (Senfglas oder Marmeladenglas) füllen. Der Knoblauch muss ganz mit Öl bedeckt sein, evtl. müssen Sie noch etwas Öl zufügen. Deckel aufschrauben, fertig!

Tipp: Der eingelegte Knoblauch hält sich mindestens 3 Monate und eignet sich zum Würzen von Braten, Nudeln oder Salat.

Zwiebelkonfitüre mit Kräutern

Danke, danke, danke, ihr Feen, Hexen, Elfen und Kobolde – oder wer auch immer sich dieses Rezept ausgedacht hat! Zwiebelkonfitüre ist eine wahre Bereicherung für den Speiseplan. Zu kaltem Fleisch, zu rohem Schinken, zu Käse, zu Hühnerbrustfilets, zu … (fast) allem passt die würzige Verwandte der süßen Konfitüren.

Für 1 Glas
- 1 kleine Tasse Sultaninen
- 2 Esslöffel Kognak
- 500 g Zwiebeln
- 2 Teelöffel 5-Gewürze-Mischung (gibts im Asialaden)
- Olivenöl
- 3 Esslöffel Zucker
- 2 Esslöffel Kräuter der Provence
- Salz
- frisch gemahlener Pfeffer

Die Sultaninen mit dem Kognak in einer Schüssel mischen. Mit heißem Wasser bedecken und einweichen lassen.

Die Zwiebeln schälen und grob hacken. Mit der 5-Gewürze-Mischung und etwas Olivenöl in einen Topf geben. 30 Minuten bei milder Hitze unter gelegentlichem Rühren dünsten. Den Zucker, die Kräuter der Provence und die abgetropften Rosinen dazugeben. Salzen, pfeffern und weitere 30 Minuten unter gelegentlichem Rühren dünsten.

Die heiße Konfitüre in ein Einmachglas füllen und luftdicht verschließen.

KLEINE
KÄSEMÄRCHEN

Märchenhafte Käsespezialitäten

**Das Zünd-
pulver der Sieben
Schwaben**

Stellen Sie drei kleine Schüsseln
zu Ihrem Käsebüfett: mit geriebenen
Haselnüssen, mit geriebenen Walnüssen und mit geriebenen Mandeln.
Ihre Gäste können sich selbst be-
dienen und den Käse je nach
Geschmack damit be-
streuen.

Drachenpaste
Wenn man Feuer spucken
will, gibt es nichts Besseres als
dieses kleine Rezept: einige Tomaten
häuten (dazu 1 Minute in kochendes
Wasser legen), entkernen und würfeln.
Die Tomatenwürfel mit Frischkäse vermengen, salzen und pfeffern. Je nach
Lust und Laune mit rosenscharfem
Paprikapulver oder mit Chilipul-
ver abschmecken.

Für
Märchenprinzen,
die ihre Prinzessin verführen möchten

Sie wollen eine Prinzessin verführen? Versuchen Sie es doch mal mit in Alkohol eingelegten Kirschen und Schafskäse.

Die rosa Creme
der Melusine

100 g Frischkäse mit 1 Teelöffel Honig und 2 Teelöffeln Ketchup mischen. Großzügig pfeffern.

Der Weichkäse
der bösen Hexe

Servieren Sie doch einmal Weichkäse mit Spekulatius wie die böse Hexe. Füllen Sie dazu eine kleine Backform zu drei Vierteln mit Weichkäse. Mit Kekskrümeln bestreuen und ein paar Minuten im Ofen backen. Nur für Liebhaber hexenhaft starker Gerüche!

Briecreme mit Mascarpone und Nüssen

Warum kommt der Käse immer erst zum Schluss auf den Tisch? Kann man die Briecreme nicht schon zum Frühstück haben? Natürlich!

Für 4 Personen
- 1 Ecke Briekäse
- 250 g Mascarpone
- 50 g Walnüsse
- Salz
- frisch gemahlener Pfeffer

Die Rinde vom Briekäse abschneiden. Das Käseinnere in einer Schüssel mit einer Gabel zerdrücken. Den Mascarpone unterheben und alles zu einer homogenen Masse verrühren. Die Nüsse klein hacken und unterheben. Je 1 Prise Salz und Pfeffer untermischen.

Die Käsecreme mit Frischhaltefolie abdecken und bis die Gäste eintreffen im Kühlschrank aufbewahren.

Tipp: Mit frischem Landbrot serviert ist die Briecreme der Renner.

Ziegenkäsepäckchen mit Pinienkernen

Kennen Sie die Märchen aus Tausendundeiner Nacht? Dann wissen Sie ja, wo der Ursprung dieses Rezepts liegen muss.

Für 4 Ziegenkäsepäckchen

- 4 Ziegenkäsetaler
- 2 Eier
- ½ Teelöffel Zimt
- 100 g Pinienkerne
- 80 g Paniermehl
- Salz
- frisch gemahlener Pfeffer
- 4 Filoteigblätter
- 4 Schnittlauchstängel
- Sonnenblumenöl

Den Backofen auf 240 °C (Gas: Stufe 5) vorheizen.

Den Ziegenkäse in einer Schüssel mit einer Gabel zerdrücken. Die Eier mit dem Zimt in einer Schüssel verquirlen und unter den Ziegenkäse mischen.

Die Pinienkerne im Mixer pürieren (nur kurz, sonst verkleben sie zu einer öligen Masse) und mit dem Paniermehl vermengen. Zur Mischung aus Eiern, Zimt und Ziegenkäse geben und unterrühren. Salzen und pfeffern.

Die Masse in 4 Portionen teilen und jeweils in die Mitte eines Filoteigblatts setzen. Die Blätter zu Päckchen formen und jeweils mit einem Schittlauchstängel verschnüren.

Eine große Auflaufform mit Öl einfetten und die Filoteigtaschen hineinlegen. Sie dürfen sich nicht berühren.

Den Backofen auf 200 °C herunterschalten (Gas: Stufe 3) und die Käsepäckchen 15 Minuten backen.

Gebratene Feigen mit Comté und Honig

Das Lieblingsrezept mehrerer Feen, die alle darauf bestehen, es erfunden zu haben (wobei sich gelegentlich auch noch ein paar Hexen einmischen): frische Feigen, verfeinert mit etwas Honig und abgerundet mit Käse – eine ungeahnte Gaumenfreude. Dazu ein guter, wohl temperierter Rotwein (wie wärs mit einem Médoc?), wer könnte da noch widerstehen.

Für 4 Personen
- 1 Handvoll Sultaninen
- 12 große Feigen
- Butter
- 12 Teelöffel Honig
- frisch gemahlener Pfeffer
- Mandelblättchen
- 100 g Comté
- 4 Scheiben Nussbrot

Den Backofen auf 240 °C (Gas: Stufe 5) vorheizen.

Die Sultaninen 5 Minuten in heißem Wasser einweichen. Die Feigen kreuzweise einschneiden und in eine große gefettete Auflaufform setzen. Jeweils einige Sultaninen auf den Feigen verteilen. Je einen Teelöffel Honig darüberträufeln und 1 Prise frisch gemahlenen Pfeffer darüberstreuen.

Den Backofen auf 220 °C herunterschalten (Gas: Stufe 4) und die Feigen 10 Minuten backen.

Die Mandelblättchen kurz ohne Zugabe von Fett in einer beschichteten Pfanne unter Rühren anbräunen. Den Comté mit dem Gemüseschäler in dünne Streifen schneiden.

Die warmen Feigen auf 4 Dessertschälchen verteilen. Mit den Käsestreifen und den Mandeln bestreuen und mit den Nussbrotscheiben servieren.

Apfel-Käse-Taschen

Käse oder Süßspeise? Man kann beides haben! Bei diesem Rezept hat das tapfere Schneiderlein wahrlich zwei Fliegen mit einer Klappe geschlagen.

Für 4 Blätterteigtaschen
- 2 Rollen Blätterteig
- 3 Äpfel (Granny Smith)
- 1 Camembert
- frisch gemahlener Pfeffer
- 1 Ei

Für den Salat
- 1 Kopf Eisbergsalat
- 1 roter Apfel, • ½ Zitrone
- 2 Esslöffel Apfelweinessig
- 1 Esslöffel flüssiger Honig
- Salz
- frisch gemahlener Pfeffer
- 4 Esslöffel Walnussöl

Den Backofen auf 240 °C (Gas: Stufe 5) vorheizen. Die Blätterteigrollen in zwei gleiche Teile schneiden. Eine Hälfte ausrollen und wieder halbieren.

Die Äpfel schälen, halbieren, das Kerngehäuse entfernen und die Früchte in feine Scheiben schneiden. Die Hälfte der Teigscheiben mit der Hälfte der Äpfel belegen, dabei einen 2 cm breiten Rand freilassen.

Den Camembert in Scheibchen schneiden und über die Äpfel verteilen. Pfeffern und mit den restlichen Apfelscheiben belegen. Den Teig zusammenklappen und an den Rändern festdrücken. Das Ei in einer Schüssel verquirlen, die Apfel-Käse-Taschen damit bestreichen und auf ein mit Backpapier ausgelegtes Backblech setzen. Mit der zweiten Teighälfte ebenso verfahren.

Den Backofen auf 200 °C herunterschalten (Gas: Stufe 3) und die Blätterteigtaschen ca. 15 Minuten goldgelb backen.

Inzwischen den Salat putzen, waschen, trockentupfen und in kleine Stücke zupfen. Den Apfel waschen, halbieren, das Kerngehäuse entfernen, das Fruchtfleisch in Scheibchen schneiden und mit Zitronensaft beträufeln. Die Zitrone auspressen. Essig und Honig in einer Schüssel vermischen. Salzen und pfeffern. Das Öl unterrühren. Salat und Apfelscheiben in einer Schüssel vermischen. Das Dressing kurz vor dem Servieren darübergießen.

Süsse Verführung

Märchenhafte Desserts

Goldlöck-
chens Lieblingsbrei

Der leckere Brei aus vorgekochtem Grieß mit Rosinen wird
in einer Wasser-Milch-Mischung
gekocht. Ein Stück Butter sowie
einen Schuss Rum unterrühren,
zuckern und flüssigen Karamell
darüberträufeln.

Der
Kuchen der Prinzessin
mit der Eselshaut

Ein märchenhafter Kuchen (allerdings
sollten Sie vielleicht den Ring weglassen):
Ein Paket Butterkekse zu Krümeln zerklei-
nern. Mit 150 g Butter und ½ Tasse starkem
Kaffee verkneten. Die Teigmischung in eine
Kastenform geben und einige Stunden in den
Kühlschrank stellen. Die Form umdrehen,
den Kuchen herausgleiten lassen und
mit geschmolzener Schokolade
überziehen.

Schneewittchens Ofenäpfel

Schneewittchen, die sich ja mit
Äpfeln bestens auskennt, isst die
Früchtchen besonders gern im Ofen
gebacken mit etwas Butter, einer Prise
Zimt, Zucker und in Blätterteig
gehüllt.

Die Kiesel
des kleinen Däumlings

Mit einem Kugelausstecher
einige Kugeln aus dem Fruchtfleisch
einer Honigmelone lösen und in einen
luftdicht verschließbaren Behälter
geben. Einige Löffel Orangenblütenwasser darübergießen und den Behälter verschließen. Vor dem Servieren
1 bis 2 Stunden in den Kühlschrank stellen.

Rotkäppchens
Körbchen

Der dicke Pfannkuchenteig wird
mit feinen Birnenscheiben, die mit
Zucker bestreut werden, in Butter in der
Pfanne gebacken (mit Deckel etwa
5 Minuten von beiden Seiten). Eine
herzhafte Variante finden Sie auf
Seite 94.

Karotten in Zitronenkaramell

Oder: Wie man Karotten in süße Früchte verwandelt. Und dafür müssen Sie noch nicht mal Ihren Zauberstab schwingen.

Für 4 Personen
- 500 g Karotten
- 200 g Zucker
- 3 Zitronen

Die Karotten schälen und in Stifte von etwa 3 cm Länge schneiden. In einen Topf legen und mit ca. 1 l Wasser bedecken.

Den Zucker und den Saft von 2 Zitronen hinzufügen. Bei milder Hitze unter gelegentlichem Rühren köcheln lassen, bis die Karotten das Wasser aufgesaugt haben. Den Saft der letzten Zitrone vorsichtig untermischen.

Die Karotten im Topf abkühlen lassen und anschließend mindestens 2 Stunden in den Kühlschrank stellen.

Fruchtige Biskuitkörbchen

Wenn die Biskuitkörbchen im Feenland serviert werden, kann es vorkommen, dass das eine oder andere Feelein nach dem Verzehr ein wenig ins Wanken gerät.

Für 4 Personen
- 2 Blatt Gelatine
- 500 g Rhabarber
- 300 g Zucker
- 2 Esslöffel Grenadine
- 250 g Johannisbeeren
- 1 Esslöffel Kirschwasser
- 1 Packung Biskuits

Die Gelatine nach Packungsanweisung auflösen. Den Rhabarber putzen und in etwa 4 bis 5 cm lange Stücke schneiden. ¼ l Wasser in einen großen Topf gießen und den Zucker sowie den Rhabarber zufügen. Zum Kochen bringen, die Temperatur reduzieren und den Rhabarber unter gelegentlichem Rühren ca. 20 Minuten köcheln lassen, bis eine Art Püree entstanden ist.

Die Gelatine ausdrücken und in eine große Schüssel geben. 1 Esslöffel Grenadine und 100 ml Wasser unterrühren und die Mischung in einen kleinen Topf geben. Bei milder Hitze aufkochen und unter ständigem Rühren köcheln lassen, bis sich die Gelatine aufgelöst hat. Die Mischung unter das Rhabarberpüree rühren und im Mixer fein pürieren.

Die Johannisbeeren von den Stielen zupfen. Einige Beeren zum Garnieren beiseite legen, die anderen unter das Rhabarberkompott mischen.

Die restliche Grenadine, das Kirschwasser sowie 200 ml Wasser in einer Schüssel verrühren. 8 Biskuits zerbröseln. Die übrigen kurz in die Kirschwassermischung tauchen und 4 Souffléförmchen damit auskleiden. Den Boden der Förmchen mit der Hälfte der Biskuitbrösel bedecken, das Rhabarber-Johannisbeer-Püree darübergeben und die restlichen Biskuitbrösel darüberstreuen.

Die Biskuitkörbchen mindestens 3 Stunden in den Kühlschrank stellen und vor dem Servieren mit den restlichen Johannisbeeren garnieren.

Rosenblütenblätter auf Pfannkuchen

Im Märchenland essen Prinzessinnen vor der Hochzeitsnacht einen Pfann-
kuchen mit rosa Rosenblütenblättern. Die Farbe der Blüten, so erzählt man,
überträgt sich dabei bisweilen auf die Wangen der Braut.

Für 4 Personen

- 250 g Weizenmehl
- Salz
- 1 Teelöffel Vanillezucker
- 4 Eier
- ½ l Milch
- 30 g Butter
- 1 Teelöffel Orangen-
  blütenwasser
- Sonnenblumenöl
- Puderzucker
- 1 Handvoll rosa Rosen-
  blütenblätter

Mehl, 1 Prise Salz, Vanillezucker und Eier in einer Schüssel vermischen. Die Milch mit dem Schneebesen unterrühren, sodass ein flüssiger Teig entsteht. Wenn der Teig zu dick ist, noch etwas Milch unterziehen.

Die Butter in einer Pfanne bei milder Hitze zerlassen und unter den Teig mischen. Das Orangenblütenwasser unterziehen und den Teig 1 Stunde ruhen lassen.

Etwas Öl auf mittlerer Stufe in einer Pfanne erhitzen. Eine Kelle Teig zufügen und von beiden Seiten goldbraun backen. Den Pfannkuchen herausnehmen und warm stellen. Aus dem übrigen Teig auf dieselbe Weise weitere Pfannkuchen backen.

Die Pfannkuchen auf einer Servierplatte anrichten, mit Puderzucker bestäuben, die Rosenblütenblätter darüberstreuen und servieren.

Grüne Pfannkuchen

»Ach wie gut, dass niemand weiß, woher das Grün dieser Pfannkuchen kommt.« – »Von Petersilie vielleicht?« – »Nein!« – »Von Paprikaschoten?« – »Nein!« – »Sind es etwa Minzeblättchen und Spinat?« – »Das hat dir der Teufel gesagt!« Was nach der richtigen Antwort mit Rumpelstilzchen passiert, ist Ihnen ja vermutlich bekannt …

Für 4 Personen
- 80 g tiefgefrorener Spinat
- 1 Bund Minze
- 800 ml Milch
- 200 g Mehl
- 4 Eier
- 30 g Butter
- Sonnenblumenöl
- 1 Glas Johannisbeergelee

Den Spinat bei milder Hitze in einem kleinen Topf unter gelegentlichem Rühren auftauen und kurz aufkochen lassen. Die Minze waschen, trockentupfen und die Blättchen von den Stielen zupfen.

Spinat und Minzeblättchen in einer Schüssel vermischen. Die Milch nach und nach unterrühren. Das Mehl mit den Eiern in einer Schüssel verrühren und unter die Milchmischung heben. Die Butter bei milder Hitze in einer Pfanne zerlassen und ebenfalls unterrühren. Den Teig 30 Minuten ruhen lassen.

Etwas Öl auf mittlerer Stufe in einer Pfanne erhitzen. Eine Kelle Teig hineingeben und den Pfannkuchen 3 bis 4 Minuten backen. Mit dem Pfannenwender umdrehen, von der anderen Seite ebenfalls 3 bis 4 Minuten backen, herausnehmen und warm stellen. Aus dem übrigen Teig auf dieselbe Weise weitere Pfannkuchen backen.

Die warmen Pfannkuchen mit dem Gelee bestreichen, aufrollen und halbieren. Aufrecht in eine Auflaufform setzen und servieren.

Süße Lindenblätter

Ein Rezept, das nur aus der Feenküche kommen kann. Es zaubert den Frühling auf den Tisch und ein Lächeln auf das Gesicht von Jung und Alt.

Für 20 Blätter
- 50 g Butter
- 20 junge Lindenblätter
- Puderzucker

Den Backofen auf 200 °C (Gas: Stufe 3) vorheizen.

Die Butter in einem kleinen Topf bei milder Hitze zerlassen, sie darf nicht bräunen.

Die Lindenblätter waschen und trockentupfen. Die Blätter an den Stielen fassen, nacheinander in die Butter tauchen, in eine Auflaufform schichten und 2 Minuten im Ofen backen.

Herausnehmen, auf einer Servierplatte anrichten und mit Puderzucker bestäuben.

Tipp: Sie können die Lindenblätter auch herzhaft zubereiten, indem Sie den Zucker durch Salz ersetzen.

Minzepudding

»Salmei, Dalmei, Adomei!« Was, Sie kennen den Zauberspruch von Catweazle nicht? Na, dann wirds mit dem Minzepudding aber schwierig. Obwohl, vielleicht lassen Sie das mit dem Zaubern besser, nicht dass es Ihnen wie dem schrulligen Magier aus dem 11. Jahrhundert ergeht und Sie sich plötzlich in der fernen Zukunft wiederfinden.

Für 4 Personen
- ½ l Milch
- 20 Minzeblättchen
- 6 Eier
- 200 g Zucker
- 30 g Butter

Die Milch in einem Topf aufkochen. Den Topf vom Herd nehmen und die Minzeblättchen in die Milch geben. Ruhen lassen, bis die Milch abgekühlt ist. Den Backofen auf 240 °C (Gas: Stufe 5) vorheizen. Die Minzeblättchen aus dem Topf nehmen.

Eier und Zucker mit dem Handrührgerät in einer Schüssel cremig weiß schlagen. Die Milch nach und nach unterrühren. Muffinförmchen mit der Butter einfetten und die Mischung hineingeben.

Den Backofen auf 180 °C herunterschalten (Gas: Stufe 2) und die Puddinge 45 Minuten backen. Den Ofen ausschalten und die Puddinge abkühlen lassen. Mit einem Minzeblatt garnieren und vor dem Servieren mindestens 1 Stunde in den Kühlschrank stellen.

Tipp: Bei diesem Rezept sollten Sie zwar nicht zaubern, aber Sie dürfen gern ein wenig experimentieren. Ersetzen Sie die Minzeblättchen doch mal durch Eisenkraut, Zitronengras oder – noch verwegener – Basilikumblättchen.

Nusskuchen

»Backe, backe Kuchen, der Bäcker hat gerufen. Wer will guten Kuchen backen, der muss haben sieben Sachen ...« Mal sehen: 1, 2, 3, 4, 5, 6, 7 – stimmt!

Für 1 Kastenform
- 4 Eier
- 300 g Butter
- 250 g Zucker
- Salz
- 280 g Weizenmehl
- 1 TL Backpulver
- 220 g gemahlene Haselnüsse

Den Backofen auf 180 °C (Gas: Stufe 2) vorheizen.

Die Eier in eine Schüssel schlagen. 280 g Butter, den Zucker und 1 Prise Salz in einer Rührschüssel mit dem Handrührgerät schaumig schlagen. Die Eier nach und nach unterrühren.

Mehl, Backpulver und Nüsse in einer Schüssel mischen und unter den Teig heben. Eine Kastenform mit der restlichen Butter einfetten. Den Teig hineingeben und den Kuchen ca. 55 Minuten backen.

Tipp: Sie können den Kuchen mit Walnusskernen verzieren oder mit Kuvertüre überziehen. Für die Vollkornvariante ersetzen Sie den Zucker durch 200 g Honig und das Weizenmehl durch Weizenvollkornmehl.

Eis-Sandwich mit Himbeersahne

Wie müsste Ihrer Meinung nach ein Feensandwich aussehen? Würstchen und Gurken? Nein, das würde den zarten Wesen nicht gerecht werden. Ein solches Sandwich ist schon etwas fantasievoller. Rosa, knusprig, schaumig-weich und fruchtig ist es, dank dem raffinierten Zusammenspiel von Baiser, Eis und Himbeeren, und das alles auf einer Wolke aus Sahne.

Für 4 Personen

- 200 g Schlagsahne
- 250 g Himbeeren
- 50 g Puderzucker
- 4 Kugeln Vanilleeis
- 8 Baisers

Die Sahne mit dem Handrührgerät sehr steif schlagen. 200 g Himbeeren im Mixer pürieren und den Puderzucker unterrühren. Die Mischung unter die Sahne heben.

Eine Kugel weiches Vanilleeis mit einem Esslöffel vorsichtig zwischen 2 Baisers legen und zusammendrücken (die Ränder der Baisers dürfen sich nicht berühren).

Die Eis-Sandwiches auf 4 Dessertteller setzen und mit der Himbeersahne bestreichen. Die übrigen Himbeeren auf der Sahneschicht verteilen. Sofort servieren.

Tipp: Sie können dieses Dessert auch in Gläsern ohne Stiel servieren. Dazu zunächst ein Baiser in kleine Stücke zerbröseln, eine Kugel Eis daraufsetzen und darüber eine Schicht Himbeersahne verteilen. Die Krümel eines weiteren Baisers daraufstreuen, mit den ganzen Himbeeren garnieren und servieren.

Schaumspeise mit Orangenblütenwasser

In seiner dekorativen Flasche wirkt Orangenblütenwasser wie ein magischer Trank oder ein seltenes Elixier. Meist begnügt man sich allerdings damit, die Flasche von Zeit zu Zeit hervorzuholen, um ein paar Tropfen von ihrem duftenden Inhalt aufzuträufeln, und das wars dann. Dabei kann man mit Orangenblütenwasser wunderbare Speisen zaubern.

Für 4 Personen
- 200 g Schlagsahne
- 1 Ei
- 3 Esslöffel Orangenblütenwasser
- 150 g Puderzucker

Die Schlagsahne in einer Schüssel mit dem Handrührgerät steif schlagen. Das Ei aufschlagen und das Eiweiß vom Eigelb trennen. Das Eiweiß zu steifem Schnee schlagen. Den Eischnee vorsichtig unter die Sahne heben.

Das Eigelb mit dem Orangenblütenwasser und dem Puderzucker in einer Schüssel schaumig schlagen und unter die Eischnee-Sahne-Mischung heben.

Die Schaumspeise in kleine Schalen oder Gläser füllen und bis kurz vor dem Servieren in den Kühlschrank stellen.

Armer Ritter mit Zimt und Lebkuchensoße

Warum macht ein Armer Ritter so viel Freude? Weil er schön goldbraun und zart aussieht und weil man sich an ihm gern die Finger verbrennt (und sie sich hinterher einzeln abschleckt). Um den Effekt noch zu verstärken, wird das Ganze mit einer dicken Lebkuchensoße abgerundet.

Für 4 Personen

- 6 Scheiben Lebkuchen
- 3 Eier
- 200 g Zucker
- ½ l Milch
- 12 dicke Scheiben Baguette (wenn das Brot alt ist, umso besser)
- 30 g Butter
- 2 Teelöffel Zimt
- 2 Esslöffel Crème fraîche

Die Lebkuchenscheiben zerbröseln und in einer Schüssel mit Wasser einweichen. Die Eier mit 150 g Zucker in einer Schüssel schaumig schlagen. Die Milch nach und nach unterziehen. Die Baguettescheiben einige Minuten in dieser Mischung einweichen und darin wenden, sodass sie auf beiden Seiten am Brot klebt.

Die Butter in einer Pfanne zerlassen und 6 Baguettescheiben hineinlegen. Mit etwas Zucker und Zimt bestreuen. Etwa 3 Minuten goldbraun braten und wenden. Die andere Brotseite ebenfalls mit Zucker und Zimt bestreuen und 3 Minuten goldbraun braten. Die Brotscheiben aus der Pfanne nehmen und warm halten. Mit dem übrigen Baguette ebenso verfahren.

Die Lebkuchenbrösel mit der Crème fraîche in einem kleinen Topf vermischen. Einige Minuten bei milder Hitze erwärmen. Jeweils 1 Esslöffel der Mischung auf den Armen Rittern verteilen.

Walderdbeer-Brücke über Vanille-See

Elfen fliegen um Hindernisse meist vorsichtig herum. Wenn sie es aber doch einmal wagen, ihre zarten Füße etwa auf eine Brücke zu setzen, muss diese ausgesprochen knusprig und wohlriechend sein.

Für 4 Personen
- 2 Eier
- 100 g Zucker
- 1 Vanilleschote
- 400 ml Milch
- 30 g Maisstärke
- 1 Rolle Blätterteig
- 100 g Walderdbeeren
- 4 Teelöffel Johannisbeergelee
- ½ Zitrone

Eier und Zucker in einer Schüssel mit dem Handrührgerät schaumig schlagen.

Die Vanilleschote längs aufschlitzen und mit der Milch in einem Topf aufkochen. Den Topf vom Herd nehmen und die Mischung 20 Minuten ruhen lassen. Die Vanilleschote herausnehmen.

Den Topf wieder auf den Herd stellen. Die Eier-Zucker-Mischung und die Maisstärke zufügen und alles bei milder Hitze unter ständigem Rühren eindicken lassen. Den Topf vom Herd nehmen.

Den Backofen auf 240 °C (Gas: Stufe 5) vorheizen.

Den Blätterteig ausrollen und in 4 Streifen (jeweils etwa 12 x 4 cm) schneiden. Aus Alufolie 4 Brücken formen, mit Backpapier bedecken und die Teigstreifen darüberlegen.

Den Backofen auf 180 °C herunterschalten (Gas: Stufe 2). Die Teigbrücken auf ein mit Backpapier ausgelegtes Backblech setzen und etwa 5 Minuten goldbraun backen. Aus dem Ofen nehmen und abkühlen lassen.

Die Vanillecreme bis auf 2 Esslöffel auf 4 Teller verteilen. Die Blätterteigbrücken darüberstellen und mit der restlichen Creme bestreichen. Die Walderdbeeren daraufsetzen.

Das Johannisbeergelee mit dem Saft der Zitrone in einer Schüssel verrühren und die Erdbeeren damit benetzen.

Blaubeertarte

Blaubeertörtchen gehören zu den Lieblingsspeisen der Feenkinder. Das wissen auch deren Mütter. Deshalb bringen sie die Törtchen nach dem Backen vor den kleinen Naschkatzen erst einmal in Sicherheit. Manchmal fehlen dann aber doch ein oder zwei oder drei …

Für 1 Tarteform

- 500 g Blaubeeren
- 220 g Zucker
- 1 Orange
- 30 g Maisstärke
- 1 Rolle Blätterteig

Den Backofen auf 240 °C (Gas: Stufe 5) vorheizen. Die Hälfte der Blaubeeren, 100 g Zucker, den Saft der Orange und die Maisstärke in einem Topf auf mittlerer Stufe unter Rühren ca. 5 Minuten erhitzen, bis die Mischung eindickt. Den übrigen Zucker unterrühren. Den Topf vom Herd nehmen. Die restlichen Blaubeeren unterheben.

Den Blätterteig ausrollen und eine Tarteform damit auskleiden. Den Teig mehrmals mit einer Gabel einstechen und die überschüssigen Teigränder abschneiden. Die Blaubeermischung auf dem Teig verteilen.

Die Teigreste zu einer Kugel formen, ausrollen, in schmale Streifen schneiden und kreuzweise über die Blaubeerfüllung legen.

Den Ofen auf 180 °C herunterschalten (Gas: Stufe 2) und die Blaubeertarte 25 Minuten backen, bis der Blätterteig goldbraun ist.

Zauberstäbchen in weißer Schokolade

Mit diesem Nachtisch zaubern Sie sich zurück in die Kindheit, denn er erlaubt unbeschwertes Eintauchen in geschmolzene Schokolade, die auch noch exotisch weiß ist.

Für 4 Stäbchen
- 250 g Weizenmehl
- 30 g Zucker
- Salz
- 100 g Butter
- 300 g weiße Schokolade

Mehl, Zucker und 1 Prise Salz in einer großen Schüssel vermengen. Die Butter in Stücke schneiden und dazugeben. Alles etwa 3 Minuten kneten. Dabei nach und nach 200 ml Wasser unterkneten, sodass ein geschmeidiger Teig entsteht. Den Teig zu einer Kugel formen, mit einem Geschirrtuch abdecken und 1 Stunde ruhen lassen.

Den Ofen auf 180 °C (Gas: Stufe 2) vorheizen.

Den Teig in 4 Stücke teilen. Aus jedem Stück auf einer leicht bemehlten Arbeitsfläche mit der Handfläche 1 Stange rollen und 1 Stern ausstechen. Sterne und Stäbchen mit etwas Wasser aneinanderkleben. Die Zauberstäbchen auf ein mit Backpapier ausgelegtes Backblech legen und 5 Minuten im Ofen goldgelb backen. Wenden und weitere 5 Minuten backen.

Die Schokolade in kleine Stücke brechen und in einem Fonduetopf schmelzen. Es darf gedippt werden!

Tipp: Wenn Sie mehr auf Klassiker stehen, verwenden Sie zum Dippen einfach dunkle Schokolade.

Orangenschnecken

Wenn Hänsel nicht zunehmen will, gönnt sich die Hexe eben Orangenschnecken.

Für 4 Orangenschnecken
- 120 g Mehl
- Salz
- 2 Eier
- 1 Teelöffel Vanillezucker
- ¼ l Milch
- 1 Esslöffel Orangen-
  blütenwasser
- abgeriebene Schale von
  1 unbehandelten Orange
- 50 g Butter
- Puderzucker oder Honig

Mehl, 1 Prise Salz, Eier und Vanillezucker mit dem Handrührgerät in einer Schüssel verrühren. Die Milch nach und nach unterrühren. Das Orangenblütenwasser und die Orangenschale dazugeben. Der Teig muss etwa die Konsistenz von Pfannkuchenteig haben, evtl. noch etwas Milch unterrühren. 30 g Butter in einer kleinen Pfanne bei milder Hitze zerlassen und unter den Teig mischen. 30 Minuten ruhen lassen.

Den Rest der Butter in einer Pfanne erhitzen. Eine Kelle Teig in einen Küchentrichter füllen, dabei die Öffnung zuhalten. Den Trichter über die Pfanne halten und den Teig spiralförmig auf den Pfannenboden gießen. Den Teig 2 Minuten goldgelb backen. Mit einem Pfannenwender umdrehen und die andere Seite ebenfalls goldgelb backen. Die Orangenschnecke aus der Pfanne heben und warm halten. Mit dem übrigen Teig ebenso verfahren.

Die warmen Orangenschnecken vor dem Servieren mit Puderzucker bestäuben oder mit Honig überziehen.

Tipp: Reichen Sie weißen Kaffee zu den Schnecken: 600 ml Wasser mit 8 Teelöffeln Orangenblütenwasser und 4 Teelöffeln Zucker in einem Topf erhitzen und in 4 Tassen verteilen.

Der dicke, fette Pfannkuchen

Es war einmal ein Koch, der backte für sein Leben gern Pfannkuchen. Eines Tages backte er einen besonders dicken Pfannkuchen für seine Kinder. Die standen rings um den Herd und warteten.

Als der dicke, fette Pfannkuchen merkte, dass er gegessen werden sollte, sprang er aus der Pfanne, rannte, kantapper, kantapper, zur Tür hinaus und rollte davon.

Unterwegs traf der dicke, fette Pfannkuchen eine Katze. Die miaute: »Bleib stehen, damit ich dich fressen kann.« Doch der dicke, fette Pfannkuchen rannte, kantapper, kantapper, einfach weiter.

Als er an einem Hund vorüberkam, bellte der: »Bleib stehen, damit ich dich fressen kann.« Doch der dicke, fette Pfannkuchen rannte, kantapper, kantapper, einfach weiter.

Genau so erging es dem Hasen, der Kuh, dem Wolf und dem Schwein. Der dicke, fette Pfannkuchen rannte, kantapper, kantapper, im-

mer weiter, bis er an einen Fluss kam, über den keine Brücke führte.

Das Schwein aber war ihm nachgerannt, sprang ins Wasser und rief: »Dicker, fetter Pfannkuchen, spring auf meinen Rüssel, ich trage dich über das Wasser!«

»Du willst mich doch nur fressen«, antwortete der dicke, fette Pfannkuchen.

»Ich verspreche dir, dass ich dich nicht anrühre«, gab das Schwein zurück.

»Gut, dann bring mich trocken über den Fluss«, entschied der dicke, fette Pfannkuchen.

Er nahm Anlauf, sprang und landete auf dem Rüssel des Schweins. Das schüttelte sich, schleuderte den dicken, fetten Pfannkuchen hoch in die Luft, fing ihn mit der Schnauze auf und verschlang ihn mit einem Happs.

Lügen darf man nicht, meinen Sie. Wer hat denn gelogen? Das Schwein hat nur gesagt, dass es den Pfannkuchen nicht anrührt …

Zur Entstehung dieses Buches

Annie Pavlowitch, zunächst Skriptgirl, später Cutterin, hat zwei Kinder. Nach der Geburt ihrer Mädchen kehrte sie Paris den Rücken und ließ sich im Süden Frankreichs nieder, um in aller Ruhe Brombeertörtchen backen zu können. Heute leitet sie Filmkurse an Schulen und dreht Dokumentarfilme.

apavlowitch@free.fr

Für **Anna Pavlowitch**, ihre Tochter, war das Kalksteinplateau von Quercy, ein wahres Feenland, gewissermaßen der persönliche Spielplatz. An diesem märchenhaften Ort verlebte sie eine glückliche Kindheit. Anna Pavlowitch hat als Dozentin Philosophie gelehrt und ist heute Verlegerin.

Der Entstehung des Buches ging eine weitere Geburt voraus. Im Sommer 2004 verließ Anna die Großstadt. Am Ort ihrer Kindheit kam ihr Sohn Noé zur Welt.

In dieser Familie ist das Kochen zu einer wahren Leidenschaft geworden und Mutter und Tochter, jetzt ihrerseits Mutter, fanden sich am Herd zusammen. Gemeinsam probieren sie neue und alte Rezepte aus.

Raphaële Vidaling hat die beiden Frauen in Lot besucht, mit ihrem Sohn Félix im Schlepptau. Hier konnte sie die

raphaele.vidaling@laposte.net

Feenküche quasi in ihrer natürlichen Umgebung erleben, in Aquitanien, dem Land der Schaumspeisen, der weißen Felsen und der wilden Beeren. Raphaële Vidaling hat jedes Gericht fotografisch so in Szene gesetzt, als wäre es Teil eines Märchens oder ein Geschenk, das eine Fee inmitten der Natur zurückgelassen hat, in dieser zauberhaften Umgebung, deren Wunder derzeit drei Generationen genießen.